AF274658

Recetas para no olvidar

37 platos con personaje y personalidad
Libro de cocina tradicional

Palma 2024

RECETAS PARA NO OLVIDAR
37 platos con personaje y personalidad
Libro de cocina tradicional

Primera edición: 2024

© 2024 Plan B Publicaciones SL, sobre la presente edición.
© de los textos: Javier Matesanz
Editor: Vicente García
Dirección editorial: Javier Matesanz
Ilustración portada: Tomeu Seguí.
Fotografía gastronómica: Susana López.
Este libro ha sido publicado con la ayuda de:

ISBN 978-84-10390-44-7
DL PM 00687-2024

info@dolmeneditorial.com

www.dolmeneditorial.com

Índice de recetas

Entrantes

Principales

Postres

El gusto de las cosas sencillas

La de la política es una carrera de fondo, larga i intensa, que a menudo deja poco tiempo libre para disfrutar de las pequeñas cosas. Pero Aina Calvo tiene claro a cuales no quiere renunciar. Los sabores de toda la vida, por ejemplo. La gastronomía tradicional y a la vez familiar, que la reconcilian con su propia intimidad. Sencilla pero gratificante y gustosa como por ejemplo la coca de trampó. Eso sí, hecha según la receta de su madre.

Aina Calvo es la exalcaldesa de Palma y actual secretaria de Estado de Igualdad y contra la Violencia de Género.

Coca de *trampó*

Recomendada por **Aina Calvo**

Ingredientes:
2 tazas de agua caliente
1 taza de aceite
un poco de levadura cruda
Harina (la que se beba)
3 o 4 tomates
2 pimientos verdes
1 cebolla

Elaboración:
Mezclar la levadura con agua caliente. Una vez fundida, añadir aceite i harina hasta hacer una masa que se pueda estirar dentro de una bandeja baja y fina, que antes se habrá untado con un poco de aceite.

Cortar en trozos pequeños: cebolla, tomate y pimiento verde. Aliñarlo con aceite, sal, pimienta y un poco de pimentón dulce.

Extender la mezcla sobre la masa.

Calentar el horno y hornearla a una temperatura de 200 grados y fuego arriba y abajo.

Tiempo aproximado de cocción: 30-40 minutos.

Tres son las variedades más habituales de la coca mallorquina, todas hechas con la misma masa horneada, pero con otros ingredientes de la huerta balear.

Coca de *trampó*
Tomate, cebolla, pimiento verde mallorquín, sal y pimienta al gusto.

Coca de pimientos rojos
Pimientos rojos asados previamente y cortados en tiras con ajos laminados, sal y pimienta.

Coca de verduras
Espinacas, acelgas, cebolletas, puerros y perejil. Opcionalmente se pueden añadir sardinas o arenques.

Mateo Isern es abogado y exalcalde de Palma

Tradición y familia

Para el exalcalde de Palma Mateo Isern, uno de los placeres añadidos que aporta la gastronomía es su estrecha relación con las tradiciones y las costumbres familiares. Son siempre reconfortantes en el recuerdo y procuran gratas sensaciones que se recuperan, año tras año, alrededor de una mesa en las fechas señaladas. Tal vez por ello, son los *cocarrois* de coliflor, cebolla y piñones la receta que ha elegido para incluir en este libro, ya que desde que su memoria alcanza, desde sus años de infancia en Sineu y aún hoy en la actualidad, los comen en familia cada Viernes Santo. En casa de su madre, sin carne, por supuesto, y sin pasas. Una magnífica manera, sin duda, de celebrar la Semana Santa.

Siguiendo con la tradición, la familia elabora los *cocarrois* en Viernes Santo con manteca de cerdo. De las matanzas que el exalcalde de Palma celebra cada año a finales de noviembre, alrededor de la festividad de Santa Catalina, en casa de su hermano. En esta otra ocasión el menú familiar es por costumbre a base de frito de matanzas y un buen vino.

Cocarrois de coliflor, cebolla y piñones

Recomendada por **Mateo Isern**

Ingredientes:
1 kilo de harina floja
200 gramos de aceite
200 gramos de manteca de cerdo
200 gramos de agua
Sal
para el relleno
coliflor y cebolla picadas y piñones

Elaboración:
Mezclar en un recipiente el aceite, la manteca, la sal y el agua, e ir añadiendo poco a poco la harina hasta conseguir una masa consistente y sin grumos.

Una vez alcance la textura y densidad deseadas formaremos con la masa unas bolas de no más de 100 gramos. Deben cabernos dentro del puño sin cerrarlo, más o menos. Hay que dejar que reposen unos 15 minutos antes de aplanarlas hasta conseguir una base fina y de forma circular que nos facilitará el relleno. Una vez agregado este, se cerrará el cocarroi en un solo pliegue dándole su característica forma de media luna, y puede rematarse la costura pinzándola con los dedos para que tenga su característica forma ondulada o trenzada.

Para hornearlo hay que colocar las piezas en una bandeja de horno engrasada y cocerlas durante unos 25 minutos a 180°.

Nota: hay que decir que las verduras del relleno son opcionales, y los cocarrois pueden hacerse con espinacas, acelgas, puerros o cebolletas, además de los ingredientes utilizados en esta receta. Además suelen ponerse pasas, aunque va a gusto del consumidor.

Antonio Márquez, ibicenco de adopción, ha sido uno de los máximos representantes de la danza española de las últimas décadas, tanto flamenca como clásica o contemporánea.

El sabor de la isla

Nacido en Sevilla de padres andaluces, Antonio Márquez creció y vivió, pero sobretodo bailó en su juventud en San Antonio Abad (Ibiza), desde donde viajó a Madrid para convertirse en uno de los más aclamados y prestigiosos bailarines y coreógrafos de la danza española. Pero nunca olvidó sus orígenes. Los sabores de su infancia. Así, aunque "me gusta comer de todo y probar la gastronomía de todos los lugares que visito, sobretodo si es comida tradicional". Antonio retiene en el paladar los recuerdos de su isla, entre otras cosas porque "cada vez que mis padres vienen a verme me traen embutidos de Ibiza".

"Cocino bastante bien –nos explica–, y me gusta hacer un poco de todo. La paella me sale fenomenal. Pero ya que tengo que elegir, y debido a que por mi profesión siempre he tenido que cuidar mi línea y comer sano, me decanto por la ensalada payesa". Uno de esos sabores que te trasladan al pasado. Frescos y gustosos. Tan de la tierra. "Y además es que, aunque he tenido suerte y siempre he podido comer de todo, la verdad es que soy más del salado que del dulce, así que ¡buen provecho!".

Ensalada payesa Ibicenca y de Formentera

Recomendada por **Antonio Márquez**

Ingredientes:
1 kilo de patatas
1 pimiento rojo
500 gramos de tomate maduro
4 huevos cocidos
½ cebolla
5 Cucharadas de aceite de oliva
100 gramos de bacalao,
que tenemos unas horas en agua.
Pan, aceitunas
Sal

Elaboración:
Al tratarse de una ensalada no es un plato que haya que cocinar en su conjunto, pero si que hay que preparar algunos de sus ingredientes. Las patatas, por ejemplo, deben cocerse y pelarse, para cortarlas después en trozos medianos. No demasiado pequeños (su destacada presencia forma parte del aspecto de esta tradicional ensalada).

El pimiento rojo debe estar asado, pelado y cortado. Se mezclará después con las patatas, así como con los huevos duros, que se cortaran en cuatro partes. Se añade la cebolla troceada, el tomate y el aceite.

También puede añadirse (opcional) algo de pan.

Un poco de aliño de vinagre mejora el conjunto.

El plato se remata con algunos trozos de bacalao por encima, que conviene haber tenido previamente a remojo durante algunas horas.

Versión de Formentera: *peix sec*
Lo más característico de la ensalada payesa de Formentera, cuya base es la misma que la ibicenca, es el *peix sec* (pescado seco). Una tradición ancestral de la isla, que de este modo permitía tener reservas de pescado en épocas difíciles. Sobretodo cuando no había electricidad. Y el método no era otro que poner a secar el pescado al sol y por la brisa marina. Con la piel, pero eviscerado. Cortado en filetes, se cubren con sal gruesa de 2 a 7 horas (según el tamaño). Después se retira la sal y se lavan las piezas en agua de mar. Finalmente se cuelgan al sol entre 1 y 4 días, según la pieza.

Las especies aptas para este proceso son las de peces cartilaginosos, con piel resistente y sin escamas.

El pobler Iván Ramis fue futbolista y capitán del R.C.D. Mallorca en primera división.

"Sabor pobler"

"Soy de Sa Pobla y, como todos los poblers, desde pequeños hemos comido *espinagada* en nuestra casa. A mi abuela le salía una *espinagada* espectacular y siempre me ha gustado en todas sus versiones, de verduras o de anguila. Incluso de lomo. No sé con cuál quedarme. Eso sí, me la tengo que encontrar hecha, porque yo no sé hacer prácticamente nada en la cocina. Debo reconocer que, aunque me gustaría, soy mucho mejor comiendo que cocinando. Tal vez porque las mujeres de mi casa siempre han sido magníficas cocineras".

Espinagada de anguila

Recomendada por **Iván Ramis**

Ingredientes:
de la masa
50 gramos de manteca de cerdo
50 centilitros
de aceite de oliva virgen
700 gramos
de flor de harina de trigo
50 centilitros de leche
1 cucharadita de sal de mar
del relleno de anguila
2 manojos de espinacas frescas
1 manojo de cebolla tierna
1 anguila no demasiado gruesa
200 gramos de guisantes frescos
1 cucharadita de pimienta negra en polvo
1 cucharadita
de pimentón rojo picante en polvo
2 dientes de ajo
Un manojo de perejil
Un buen chorro de aceite de oliva
Una cucharadita de sal de mar

Elaboración:
Se prepara la masa encima del mármol o la madera haciendo una cavidad con la harina, mezclando el aceite, la sal y la manteca tibia. Se debe trabajar un buen rato hasta conseguir una masa bien unida y manejable. La dejamos reposar 15 minutos y luego se extiende bien fina en el mármol y se rellena con las verduras crudas cortadas en juliana y aliñadas con aceite, sal y las especias. Se pone la anguila, que habrá estado toda la noche anterior en adobo, en el centro con su espina. La *espinagada* se cierra como un sobre de cartas, vuelta y vuelta a cada lado. Hornear a 200° hasta que esté bien cocida.

Un buen vino es un estupendo acompañamiento.

Comida de pobres

Rodo Gener es uno de los intérpretes de teatro más populares y prolíficos de Baleares.

Simpático y desgarbado, Rodo Gener es un *ciutadellenc* que puede ser o parecer cualquier cosa que se proponga. Privilegio de los actores. Incluso podría convertirse en un gran cocinero, si el personaje así lo exigiera. Pero no lo es, confiesa: "en la cocina me defiendo con dignidad pero soy de los que tiene que estar con la receta en la mano para que haya una mínima garantía de éxito".

"Aún así, es el que cocina en casa, y asegura tener unos cuantos platos que nunca fallan y que siempre le hacen quedar bien: "la lubina con gambas y hojaldre me sale buenísima, y mi revuelto de bacalao y gambas es insuperable, con mucha verdurita buena".

Pero Rodo considera que se deben conservar las tradiciones, que son parte importante de nuestra esencia insular y de país, y por eso, "aunque no la sepa hacer", la receta que nos recomienda es *l'oliaigua*, un plato de pobre absolutamente típico y tradicional de su Menorca natal.

Oliaigua

Recomendada por **Rodo Gener**

Ingredientes:
2 quilos de tomate
3 cebollas grandes
2 pimientos verdes
6 ajos
Sal, agua y aceite

Elaboración:
Este plato siempre se debe cocinar en una cazuela de barro. Forma parte de su identidad culinaria, aunque son muchas las variantes de esta receta, ya que se trata de un plato muy típico y popular que se hacía en todas las casas. El recipiente de cerámica es el denominador común incuestionable para cocinarlo.

Dentro pondremos los tomates pelados y cortados, la cebolla y el pimiento, cortados a tiras, y los ajos enteros y sin piel. Con un buen chorro de aceite, sal y a fuego lento.

Debe freírse hasta que las ajos estén blandos, momento en el que hemos de añadir el agua a la mezcla. Muy abundante. Unos dos vasos generosos por persona, el agua se irá calentando mientras vamos revolviéndolo de vez en cuando, sin dejar que nunca llegue a hervir.

Poco a poco, se formará una espuma en la superficie liquida y es el momento de sacarlo del fuego y dejarlo reposar, porque no se deberá consumir hasta el día siguiente.

Antes de servirlo se volverá a recalentar y se servirá en el plato sobre pan de *pagès* cortado muy fino. Hay quien lo tuesta, pero puede ser crudo e incluso del día anterior.

Casero y tradicional: insuperable

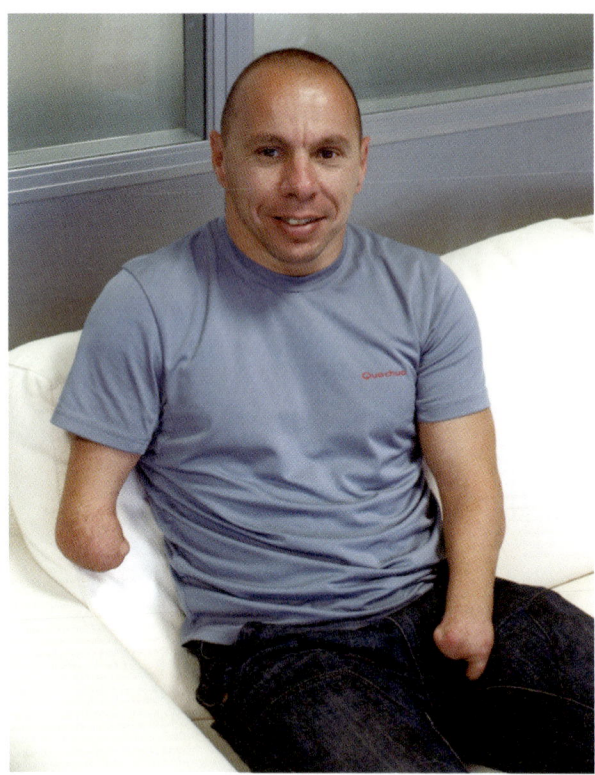

El nadador palmesano Xavi Torres es campeón paralímpico, del mundo y de Europa. Uno de los deportistas con mejor palmarés de la historia en Baleares.

Pasa más tiempo en la piscina que en la cocina, pero a Xavi Torres le gusta casi tanto comer como subirse a un pódium a recoger el premio a su tesón y a su esfuerzo, que le han convertido en uno de los mejores deportistas de la historia en Baleares. Sin duda es mejor nadador que cocinero, pero se defiende. "La verdad es que en casa solo hago cocina de supervivencia", reconoce. "Lo que más me gusta es ir a casa de mis padres a comer platos caseros y, a ser posible, de recetas tradicionales". Como por ejemplo, las empanadas de carne y guisantes, que aunque actualmente se hacen todo el año, lo cierto es que eran típicas de la Navidad o de la Semana Santa mallorquina. De las fiestas en general.

"En casa de mis padres, mi madre es la que se encarga del salado, mi padre del dulce y yo de probarlo todo", confiesa. No está nada mal como responsabilidad familiar, desde luego.

Aunque las empanadas pueden ser sólo de guisantes, hay quien las hace de pollo e incluso pueden elaborarse también con pescado, pero aquí les ofrecemos la receta de las típicas empanadas de carne de cordero con guisantes.

La receta de las empanadas es artesanal en el más artístico de los sentidos. No es difícil de cocinar, pero a veces exige unas cualidades más propias de un alfarero que de un cocinero. Aunque lo esencial sigue siendo que queden sabrosas, hay que recordar que a menudo también se come por los ojos. ¡Vamos allá!

Empanadas de carne y guisantes

Recomendada por **Xavi Torres**

Ingredientes:
1 kilo de harina
200 gramos de manteca de cerdo
600 gramos de carne de cordero deshuesada
1 vaso de aceite
1 vaso pequeño de agua
1 kilo de guisantes
50 gramos de sobrasada
50 gramos de tocino
Sal, pimentón rojo y pimienta negra

Elaboración:

Lo primero que debe hacerse es cortar la carne en taquitos pequeños. Las empanadas suelen ser de entre 6 y 8 centímetros de diámetro. Aunque cierto es que las medidas dependen de cada cocinero.

Pondremos la carne en un recipiente con sal, pimentón rojo y pimienta. Las cantidades dependen del gusto.

A continuación, pondremos los guisantes en otro cuenco. Echamos sal, pimentón y pimienta (también al gusto), y los dejamos descansar mientras nos dedicamos a la masa.

Para ello tendremos que emplear otro recipiente. Uno grande donde mezclar la harina, la manteca de cerdo, el aceite y un poco de agua, e ir amasándolo todo hasta obtener una pasta compacta y sin grumos con la que iremos trabajando y haciendo las diferentes unidades. Para cada empanada hay que coger una porción de masa que, aproximadamente, te quepa en el puño sin apretarlo mucho.

Hay que darle forma de empanada a la masa. Con los dedos mojados en aceite de oliva, hay que ir convirtiéndola en una especie de vaso chato de pasta, que rellenaremos la mitad con trozos de carne y la otra mitad con los guisantes. Y después la taparemos con un capa fina de masa, que hará las funciones de tapa. Después la sellaremos con los dedos, uniéndola a los laterales de la base, dándole la peculiar forma coronada que tienen las empanadas mallorquinas.

Es importante que, antes de hornear, se hagan algunos agujeros en la parte de la tapa para que el vapor pueda salir cuando se esté cocinando la empanada. Una hora a 170º. Conviene que el horno haya sido precalentado.

Curiosidad: hay quien hace las empanadas con la pasta dulce. Para ello basta con añadir algo de azúcar a la masa durante el proceso de elaboración y antes de la cocción.

Toni Garrido es un comunicador y presentador que ha trabajado en las principales emisoras y cadenas televisivas nacionales.

Un trozo de Mallorca en la boca

Durante años su voz y su imagen nos acompañaron a diario desde Radio Nacional, La Sexta, Telecinco o La 2. Pero cuando se despoja de su "yo" mediático, de su segunda piel de comunicador, se vuelve para casa. A su isla, que añora por muchos motivos, pero especialmente por los gastronómicos. Y lo expresa así, con su simpatía y convicción habituales: "¡uy, el trampó, esos tomatitos, esos pimientos... la cebolla! Hay gente que añade pepino que, como decía el filólogo Samuel Johnson, debe cortase en finas rodajas, aderezar convenientemente con pimienta y vinagre, y tirarlo a la basura por inútil. Sí, amigos, el trampó es como meterse un trozo de Mallorca en la boca, pero sin la textura de la arena ni el mal sabor que dejan en ella los pies de algunos turistas".

Y, bromas a parte, Toni lo tiene claro: "preparo el mejor trampó del mundo, o al menos uno de los mejores, o, bueno, en fin, puede que... ¿Qué pasa? ¡¡¡A mí me gusta!!!

No hay nada como volver a casa y rencontrarse con los sabores de toda la vida. Le ponen a uno de buen humor.

Trampó

Recomendada por **Toni Garrido**

Ingredientes:
Tomates maduros
Pimientos verdes mallorquines
Cebolla
(La proporción seria de 3-2-1, pero se puede hacer tanta cantidad como se desee)

Elaboración:
Es una ensalada fría ideal para el verano que puede acompañar cualquier otro alimento o ser consumida como plato único. Es natural, sabrosa y refrescante pues consiste únicamente en la combinación de sus tres ingredientes de la huerta.

Hay que trocear los pimientos y la cebolla en trocitos muy pequeños. Y después los tomates pelados y sin pepitas. Todo ello bien mezclado y aliñado con aceite, sal y vinagre según los gustos.

Esta ensalada es muy agradecida y admite todo tipo de combinaciones. Podéis añadirle huevo, atún, granada, aceitunas, alcaparras, e incluso hay quien la utiliza para hacer ensalada de pasta.

Una vez se tiene el trampó puede ponerse sobre una base de pasta y se obtiene la coca de trampó, que Aina Calvo recomienda en las páginas de este mismo volumen.

Encantadora mezcla de ingredientes

A causa de su profesión y del intenso calendario del circuito de tenis profesional, Núria Llagostera pasaba poco tiempo en la Isla, pero tenía claras sus preferencias y sus gustos predilectos cuando volvía a casa. "¡El tumbet es mi plato mallorquín preferido porque su combinación de ingredientes me encanta! Y, además, también creo que la olla de barro donde se cocina es muy auténtica y hace de este plato algo especial".

"Además -añade- yo nunca comía pimiento rojo y fue gracias al tumbet que me empezó a gustar. Sobre todo en verano (cuando venía una semana de vacaciones a mi casa) mi madre me preparaba un buen tumbet y ya era feliz. ¡Lo hemos hecho en otros sitios, pero debo decir que nunca tiene el mismo sabor que cuanto me lo como en mi casa! ¡Cuando oigo la palabra "tumbet" siempre pienso en mi casa, en mi familia, en mi "roqueta", en lo bueno que es y en el trabajo que da hacerlo! ¡Pero vale la pena!

¡Y cuando estoy en el extranjero aun añoro más este plato y la cocina mallorquina!,

Núria Llagostera es una de las tenistas mallorquinas con mejor palmarés, ganadora en su día del Máster Femenino de dobles.

Tumbet
Recomendada por **Núria Llagostera**

Ingredientes:
10 patatas
5 berenjenas
5 pimientos rojos mallorquines
1 cabeza de ajos
10 tomates
1 cebolla
Sal, pimienta, una hoja de laurel, aceite, orégano (o, aún mejor, mejorana)

Elaboración:
Cortar las patatas en rodajas de medio centímetro. Lavarlas y ponerlas en una sartén con mucho aceite y que esté casi frío. Poner a fuego medio al principio y, cuándo cambien de color, bajar el fuego al mínimo y que se vayan haciendo lentamente.

Mientras tanto, cortar las berenjenas en rodajas del mismo tamaño que las patatas, extenderlas en una superficie plana y salar abundantemente. Dejarlas 20 minutos que "suden".

Lavar los pimientos y cortarlos con las manos en trozos irregulares de un tamaño parecido a los de las patatas y berenjenas.

Con una mano de mortero, darles un golpe a los ajos sin pelar, que queden un poco machados y freírlos en la sartén sin que se quemen. Cortar la cebolla muy pequeñita y añadirla a la sartén a fuego medio. Cuando esté dorada, añadir los tomates rallados y bajar el fuego. Poner la hoja de laurel, salpimentar y añadir una pizca de mejorana o de orégano. Dejar que se haga durante 20 minutos y reservar.

Pasar las berenjenas bajo el grifo para eliminar la exudación y la sal y estrujarlas con las manos hasta que pierdan toda el agua y reservar.

Cuando las patatas estén hechas por dentro, darles un golpe de fuego fuerte hasta que queden un poco (muy poco doradas) y sobre todo que no se rompan. Escurrirlas, salarlas y ponerlas en el fondo de una cazuela de barro.

En un aceite diferente freír las berenjenas, que también deben quedar blanditas (no crujientes). Cuando estén hechas mismo proceso, escurrir, salar y poner encima de las patatas.

Con muy poquito aceite y el fuego fuerte freír los pimientos a la vez que los ajos machados. Cuando estén hechos poner encima de las berenjenas.

Probar el tomate, rectificar de sal, pimienta y mejorana si es necesario y volcarlo encima del tumbet. Agitar suavemente la cazuela para que los ingredientes se mezclen bien.

Muy importante: las verduras tienen que impregnarse de la salsa de tomate, nunca nadar en ella. No hay que abusar de la salsa de tomate. Cocerlo todo a fuego lento diez minutos y dejar reposar un par de horas.

"Muy nuestro"

Madò Pereta, gran amiga del actor Joan Carles Bestard, es uno de los iconos cómicos de la mallorquinidad popular.

No sabíamos a quién encargarle la receta, si a Joan Carles Bestard o a Madò Pereta, pero salimos de dudas en seguida: "yo no soy un buen cocinero, la que sabe es ella", confesó Joan Carles. Y dicho y hecho, fue Madò Pereta quien se adentró en la cocina para preparar el guiso de albóndigas, "que me gusta mucho porque, además de ser buenísimo, es un plato muy nuestro". Y cuando dice nuestro no se refiere únicamente a la gastronomía popular mallorquina, sino también a la familiar. "En mi casa es una receta que ha pasado de mano en mano, desde las abuelas a las madres hasta llegar a las mías", dice. "Y en los días de fiestas señaladas –explica–, incluso poníamos un poco más de carne, además de las albóndigas. Pollo o pavo. Pero eso ya las convertía en una especie de estofado, y yo prefiero la sencillez auténtica del guiso sin más. Que no es poco".

Albóndigas guisadas Recomendada por **Madò Pereta**

Ingredientes:
para 4 persones y alguna más si se suma.
1 kilo de carne picada de cerdo
2 huevos
1 miga de pan bañada en leche
1 manojo de perejil
1 manojo de mejorana
1 manojo de hierbabuena
2 cebollas
2 cabezas de ajos
2 kilos de patatas de sa Pobla
2 zanahorias
150 gramos de guisantes
200 gramos de champiñones
150 gramos de judías
4 tomates en rama
3 hojas de laurel y nuez moscada
Aceite, pimienta negra y sal
1 litro y medio de agua
Harina floja
1 pastilla de caldo de pollo
1 vasito de vino de jerez

Elaboración:
Mezclamos el quilo de carne picada con los huevos la miga de pan, el perejil, la mejorana, la hierbabuena, una cebolla picada, 4 ajos picados, el vasito de vino de jerez, sal, pimienta y nuez moscada. Todo bien mezclado. Y, con la pasta resultante hacemos las albóndigas que rebozaremos con harina floja.

Seguidamente ponemos una sartén con aceite en el fuego. Cuando esté caliente añadimos las albóndigas hechas con anterioridad y las vamos friendo poco a poco hasta que se vuelvan doradas. Una vez fritas, las colocamos encima de un papel de cocina, dentro de una fuente para que este se beba todo el aceite sobrante.

A continuación hacemos el sofrito para el guiso de albóndigas. Sofreímos una cebolla y el resto de ajos. Entonces, cuando la ceba esté bien doradita, añadimos el tomate en rama pelado y bien picadito. Cuando todo esté sofrito se añade la zanahoria, los pimientos, los champiñones y las judías. Lo revolvemos unas cuantas veces y le añadimos un litro y medio de agua, las hojas de laurel y la pastilla de caldo de pollo. Debe hervir hasta que la verdura esté cocida.

Después, volvemos a poner aceite en una sartén y freímos la patata que habremos cortado en daditos. Cuando la patata esté frita la ponemos encima de un papel de cocina para que se absorba el aceite restante y, ya para acabar, añadimos el sofrito a todo lo anterior. Es decir, a las patatas fritas y a las albóndigas que hemos hecho al principio.

Diez minutos de *chup-chup* y ...
¡buen provecho!

Placeres de temporada

Foto: Xavier Bassiana

Lorenzo Santamaría, actor y cantante mallorquín de gran éxito en el pop español de los años 70.

La memoria del paladar no le falla a Lorenzo Santamaría. Y guarda un especial recuerdo de las berenjenas maternas. Pero no cualquier día y a cualquier hora, sino en temporada. Esa es la clave del que no duda en considerar su plato favorito. Y así lo recuerda: "cuando era pequeño mi madre me hacía este plato y su sabor me ha quedado gravado para siempre en la memoria. Y la culpa es del tomate, que era ácido. Ese es el sabor que más recuerda mi paladar. Ahora los tomates son más dulces y las berenjenas no saben igual que antes.

Este plato debe elaborarse siempre con tomates de huerta y cuando sea temporada. Que no sean de invernadero. Eso es vital para conseguir el auténtico sabor de este plato".

Y no lo dice por decir, porque aunque no se considera un gran cocinero, "las berenjenas rellenas de carne las sé cocinar. De hecho es uno de los pocos platos que me salen bien. Como toque personal me gusta ponerle *herbamare* para darle un poco más de gusto".

Berenjenas rellenas de carne

Recomendada por **Lorenzo Santamaría**

Ingredientes:
para cuatro personas
4 berenjenas
1 cebolla grande
3 dientes de ajo
600 gramos de carne picada "mixta" (ternera y cerdo)
1 trozo de sobrasada
2 yemas de huevo
6 tomates
Galleta de inca picada fina
Mejorana
Sal, pimienta, aceite de oliva virgen

Elaboración:
Limpiar y cortar el extremo de las berenjenas, abrir por la mitad. Poner en una sartén con aceite y sofreír un poco. Una vez frías vaciar el interior, picar y reservar la pulpa. Al mismo tiempo hacer un sofrito con la cebolla y el ajo picado menudo. Cuando la cebolla este transparente añadirles los tomates pelados y cortados (o rayados). Espolvorear un poco de mejorana y de *herbamare*. A continuación añadir la carne picada, la sobrasada y la pulpa de la berenjena. Rectificar de sal y pimienta. Dejar que se haga hasta que la pulpa de berenjena esté blanda. Rectificar de sal, pimienta y de *herbamare*.

Mezclar todo lo anterior con las dos yemas de huevo y rellenar las berenjenas con la pasta resultante. Espolvorear con la galleta picada. Colocar en una bandeja de horno y hornear a 200° durante 30 minutos o hasta que la superficie de las berenjenas tenga una consistencia durita.

Un plato del país y con gentilicio

Catalina Cirer tiene una agenda de vértigo pero, aún así, ha encontrado un hueco para colaborar con nosotros. Y esto es lo que nos cuenta: "He de reconocer que aunque he optado por un plato de pescado o con pescado, yo soy más de carne en todas sus variantes, excepto eso de la carne cruda (nada de tártaros ni de comida japonesa, como os podéis imaginar). Pero he pensado que una mujer mallorquina y mallorquinista tenía que recurrir, por decirlo de alguna manera, a una receta que fuera del "país" y también que llevara incorporado el gentilicio "mallorquín" o "mallorquina", para que no cupiera ninguna duda acerca de la identidad y procedencia del plato en cuestión.

Yo tengo un gran inconveniente para la cocina, soy hija de cocinero y de mujer de pueblo, buena cocinera también, pero de cocina más casera. Eso quiere decir que tengo, a mi edad, una excusa fantástica, una excelente justificación para autodefinirme como una mala cocinera. Quiero decir que hago lo que puedo, como puedo, y que demasiado bien van las cosas.

Pero tenéis que saber que este mero que hoy os presento lo he hecho y me sale bueno, muy bueno. También debo reconocer que no me aclaro mucho con las balanzas, nunca sé cuánta patatas son dos quilos ni cuántos tomates son tres quilos, por eso, si coincidís conmigo en el mercado, me veréis pedir, muy, muy a menudo, por unidades: 4 cebollas, 10 o 12 patatas... (Os diré que últimamente me encuentro a otros que también compran así).

Espero que os guste, que os resulte fácil hacerlo y, sobretodo, que os recuerde que en Mallorca tenemos mucho y bueno, para dar y vender, para estar orgullosos y para hacer clara ostentación de *lo nuestro*.

Catalina Cirer fue alcaldesa de Palma, delegada del Gobierno del Estado en las Islas Baleares, titular de Bienestar Social del Consell de Mallorca y actualmente consellera del Govern.

26

Mero a la mallorquina

Recomendada por **Catalina Cirer**

Ingredientes:
1 mero entero
1 cebolla blanca y grande
Patatas
Cebolleta, puerro, un manojo de acelgas
y perejil (opcional)
2 o 3 ajos
1 tomate grande
Pasas y piñones
Galleta picada
Aceite, sal, pimienta y pimentón

Elaboración:
En un recipiente de horno donde quepa el pescado entero, se coloca la cebolla, cortada en juliana, que cubra todo la base del recipiente. Encima se colocan las patatas cortadas en rodajas. Se aliña esta primera capa con sal, pimienta, aceite de oliva y un poquito de agua para que quede más jugoso y no se pegue. La mayoría de la gente coloca las patatas crudas, pero en casa nos gustan bien doraditas. Así que, antes de ponerlas al horno, las freímos ligeramente con un par de ajos.

A continuación ponemos el pescado, al cual le hemos practicado unos cortes en el lomo y lo hemos aliñado también con sal, pimienta y aceite.

En un bol preparamos la verdura. Cortamos a trozos pequeños el puerro, la cebolleta y las acelgas. Aquí está la diferencia entre las diferentes recetas de pescado a la mallorquina, y es cierto que en cada casa se prepara de una forma distinta. Hay quien añade perejil y ajo a la mezcla, mientras que otros prescinden de las acelgas, o incluso, las substituyen por espinacas. Una vez hecha la mezcla a nuestro gusto la sazonamos con sal, pimienta y poquito de pimentón. Añadimos un puñadito de pasas

y piñones y la volcamos encima del pescado hasta que lo cubra completamente.

El último paso consiste en cortar un tomate grande en rodajas y ponerlas por encima de la mezcla de verduras. Para acabar, espolvoreamos generosamente de galleta picada por encima, para que quede bien crujiente. Si pueden ser de nuestra casa mejor (galletas de Inca, por ejemplo).

Mientras tanto, encendemos el horno, que se vaya calentando a una temperatura de 180-190º. Después ponemos la fuente con el pescado. Es importante tapar el recipiente con papel de plata para que la verdura no se queme. Pasados unos 20-25 minutos más, el pescado estará cocido. Una manera de comprobarlo es con un palillo. Si cuando pinchemos el pescado, sale jugo y está totalmente blanco, ¡es que ya está punto!

¡Buen provecho!

Identidad de pueblo

Martí Crespí es un futbolista nacido en sa Pobla que, después de jugar en el Jerez y en el Elche, militó en el Mallorca en primera división.

Crespí es sincero desde el principio: "No sé cocinar nada de nada, y aún menos los fideos de anguila, pero soy de sa Pobla, así que me gustan mucho, como a todo el mundo", asegura medio en broma medio en serio. Y es que no se puede ser pobler y no recomendar las anguilas cuando te lo piden. "En mi casa se han cocinado desde siempre, como en todas las casas del pueblo", añade. "Son tradiciones que no se pueden perder. Las madres y las abuelas no dejarían que nunca se perdiesen, así que las transmiten de una generación a otra".

Como joven deportista que es, Martí Crespí es buen comedor y no lo duda: "como en casa no se come en ningún sitio".

En la página siguiente, Simó Andreu nos recomienda las anguilas ofegades (ahogadas o anegadas). Una receta complementaria e inseparable de los fideos con anguila. Entre otras cosas porque se cocinan a la vez y comparten buena parte del proceso y de los ingredientes. También seguimos las enseñanzas de Martí Cotxer.

Fideos con anguilas

Recomendada por **Martí Crespí**

Ingredientes:
Anguilas
Fideos (medianos, del número 4)
Alcachofas
Cebolla, puerros, pimiento rojo y tomate en rama
Judías verdes, alubias y ajos
Pimenta, pimentón, perejil, sal y azafrán
Agua
Aceite

Elaboración:
Esta receta, como todas las recetas tradicionales, tiene una característica básica que hace que dependa absolutamente de la mano y el buen ojo del cocinero, ya que los ingredientes se miden por instinto y sabiduría popular. Las medidas son aproximadas y calculadas en función de la necesidad y con la cuchara en los labios. Difíciles de cuantificar. La que se explica aquí es la del maestro Martí Cotxer. Un pobler auténtico que cocina de memoria y con el talento genuino de quien lleva en el paladar el gusto ancestral de un pueblo.

Lo primero que haremos es preparar la base con un sofrito de puerros, cebolla, salsa de tomate en rama, ajos y el pimentón (hay que tener cuidado con estos dos últimos ingredientes no se quemen). Añadimos después el agua para hervir, y le ponemos también las judías verdes, las alubias y chorro de aceite. Además de la anguilas troceadas, claro, que hervirán siempre a fuego lento. Nunca hay que tener prisa en la cocina. Deben hervir no más de dos o tres minutos. Sabremos si las anguilas están hechas tocándolas con el dedo. Si este entra un poquito dentro de la anguila, hemos de parar el hervor y sacarlas. Y no se pondrá sal hasta que estén casi hechas, porque sino las anguilas quedarían duras (*surenques*, dicen en sa Pobla).

Justo al apagar el fuego, se sacan las anguilas (de las cuales buena parte se aprovecharán para hacerlas *anegades* –siguiente receta–) y se introducen las alcachofas en el agua que deberá volver a hervir. Cortadas muy pequeñitas (6 trozos por alcachofa). También añadimos ahora la pimienta, el pimentón, más sal y un poquito de azafrán. Y justo dos minutos antes de servir, cuando aún hierve, le ponemos un puñadito de perejil y de ajos picados. Todo esto se calculará al gusto, pero es importante que los fideos tengan un punto picante.

Los fideos se añadirán al mismo tiempo que las alcachofas, y deberá hervir de 6 a 7 minutos, más o menos cuando las alcachofas estén en su punto y las anguilas, que habremos vuelto a añadir unos minutitos antes, no queden duras.

Identidad culinaria

No es fácil encontrar a Simó Andreu en sa Pobla. Ni en su casa de Madrid, donde vive gran parte del año por cuestiones relacionadas con el trabajo. La mayor parte del tiempo está por el mundo. En platós y parajes, por callejones o avenidas, en colinas o caminos de cualquier lugar. Y es que ha rodado y continúa haciéndolo en casi todos los rincones del planeta, pero él tiene claro dónde están sus raíces: en Mallorca. Y una buena manera de recordarlo es apelando a los olores y sabores, que con los ojos cerrados te hacen viajar en el tiempo y en el espacio y reencontrarte con la esencia de lo que eres.

Simó Andreu es pobler, y como tal considera las anguilas ofegades una parte imprescindible de la gastronomía tradicional de su pueblo, y, por tanto, de su cultura. "Todo el que se llame pobler las has comido. Ahogadas, fritas o con fideos, pero es imposible haber nacido y vivido en sa Pobla y no apreciar este plato. Forma parte de nosotros", afirma.

Y no sería la única receta, porque "también hay que probar la escudella fresca, la espinagada y tantas otras delicias de nuestra gastronomía. Un pueblo no es un pueblo sin estas tradiciones alrededor de una mesa".

El pobler Simó Andreu es el actor balear más reconocido internacionalmente con más de 200 títulos entre cine, teatro y televisión.

Anguilas *ofegades* (ahogadas o anegadas)

Recomendada por **Simó Andreu**

Ingredientes:
Anguilas
Alcachofas
Cebolla, puerros
y tomate en rama
Judías verdes, alubias y ajos
Pimienta, pimentón picante,
perejil, mejorana y sal
Agua
Aceite
2 limones
Almendra picada

Elaboración:
Para preparar este suculento plato de anguilas ofegades nos hemos de remitir a la receta de la página anterior, los fideos con anguilas, porque una complementa la otra y comparten buena parte de los ingredientes y de su proceso culinario.

De esta forma, se debe aprovechar una parte del caldo de los fideos (tampoco demasiado), así como las anguilas reservadas y ya medio cocidas de ese otro plato.

En una cazuela de barro, y a fuego lento, se añade el caldo que solo tape las anguilas troceadas y las alcachofas. Estas deben ser más grandes que los fideos (cortadas en cuatro trozos). Agregar también al caldo el zumo de dos limones. Debe hervir hasta que las alcachofas estén en su punto y las anguilas muy tiernas. No es mucho tiempo. Unos minutos.

Al caldo le añadiremos también aceite (un vaso entero), ajos, perejil, mejorana, alubias, pimienta y pimentón picante. Y, para finalizar, un puñado generoso de almendra picada, que aportará consistencia al plato y su particular textura. Las cantidades, al igual que se explica en la receta anterior, son instintivas. Calculadas a ojo de buen cocinero.

Un par de hervores y a la mesa, que se tiene que comer caliente y con un buen vinito tinto. Consejos de Martí Cotxer que conviene seguir.

Toni Bestard es, quizás, el cineasta mallorquín más premiado como cortometrajista, y director de la película candidata al Goya "I'm your father", entre otras.

No hay arroz más nuestro que el *brut*

Además de hacer cine, Toni Bestard sabe cocinar el arroz *brut*. Y le sale bueno, nos asegura, aunque reconoce que no tiene nada que ver con el que hace su madre. "¿Qué le vamos a hacer?"

"Es por eso,–dice–, por los recuerdos de infancia y lo que disfruté durante años con la cocina casera, que importé el arroz *brut* a Madrid cuando estudiaba. Y aunque la traducción sonaba muy rara: arroz sucio, a todo el mundo le gustó mucho".

"Para poder hacerlo bien –continua explicando– me pasé muchas horas sentado en la cocina al lado de mi madre tomando notas, hasta que aprendí. De todas formas, debo decir que en Madrid nunca me salió igual que en Mallorca. Quizás por el agua. Las cosas siempre salen mejor cuando se hacen en casa".

Y lo que más le gusta a Toni es que "nunca hay dos arroces bruts iguales. Hay quien le pone tordos, caracoles o níscalos; en sa Pobla, por ejemplo, lo hacen con tres especies muy particulares de la localidad que le otorgan un sabor especial al plato. Son muchas las combinaciones posibles. Pero el secreto no es otro que el sofrito, que se debe hacer a fuego lento y con buena carne, siempre en una olla de barro. Las prisas en la cocina siempre son malas", concluye Toni.

Cocinar con calma y disfrutar comiendo.

Arroz *brut*

Recomendada por **Toni Bestard**

Ingredientes:
Pollo
Conejo
Costilla de cerdo
Caracoles
2 alcachofas
100 gramos de guisantes
100 gramos de judías verdes
1 cebolla
1 pimiento
2 ajos
2 tomates de rama
Manteca de cerdo
Aceite de oliva
Arroz (una taza por persona)
Agua
Sal y pimienta

Elaboración:
Este plato debe cocinarse en una olla de barro. Si se hace en otro recipiente es otro plato.

Dentro pondremos manteca de cerdo y aceite y sofreiremos los ajos, el pimiento en trocitos y la carne troceada que bebe quedar bien asada. Cuando lo esté, añadiremos la cebolla, también cortada muy fina y que quede bien doradita. Es entonces cuando hemos de añadir los dos tomates troceados, pelados y escalfados previamente. Cuando todo esté bien sofrito añadiremos el agua, hasta que tape la carne, y debe hervir unos 45 minutos a fuego vivo.

Justo 10 o 15 minutos antes de acabar se debe añadir el resto de la verdura, los caracoles, los níscalos o los ingredientes que queráis añadir. Una vez transcurrido este tiempo, se debe poner el arroz (una taza por persona), y es el momento de probar y corregir, si es necesario, la sal y la pimienta.

No hace falta dejar mucho tiempo el arroz en el fuego (no más de 10 minutos), porque dentro de la olla de barro se continuará haciendo mientras reposa, justo antes de servirlo.

En la mesa, el arroz brut se puede acompañar con rabanitos, tiras de pimiento verde u olivas "trencades".

Los sabores son cultura

Agustí Villaronga (1953-2023). Con "Pa negre" y sus nueve premios Goya se convirtió en uno de los directores de cine más reconocidos del momento, aunque antes ya era uno de los más prestigiosos.

Agustí Villaronga es uno de los directores de referencia del cine español de las últimas décadas. Un creador único, con una filmografía de culto, que en los últimos años también conquistó las taquillas gracias a "Pa negre" y sus 9 premios Goya. Pero la popularidad no le cambió. Continuó siendo el hombre discreto e introvertido de siempre. El ruido y los flases no iban con él. Prefería la intimidad y las tradiciones, aunque nunca renunció a experimentar. Lo que hacía en el cine se parecía un poco a lo que hacía en la cocina, porque le gustaba cocinar, pero a su manera. "No como mi madre que siempre dice que no sabe, pero que lo hace todo buenísimo. O mi hermana, que es una artista", nos explicó. "A mí me gusta probar cosas nuevas, pero al final me tira lo tradicional. La cocina casera", decía. "El arroz de pescado, por ejemplo, yo no osaría decirle a nadie cómo lo ha de hacer, porque yo tengo mi receta y es muy personal, pero creo que lo sé hacer bastante bueno".

Pero al margen de probaturas, que siempre enriquecen y hacen crecer la cocina, Agustí pensaba que "en las tradiciones gastronómicas encontramos mucho de la esencia de las culturas, de quién somos y de cómo somos. Basta viajar por los países árabes –señalaba– para comprobar que las raíces culinarias nos hermanan. Es incuestionable. La comida dice muchísimo de nosotros, y por eso yo siempre he vinculado los sabores y los olores a mis orígenes. Los asocias con los recuerdos, con la nostalgia. Un bocado te puede transportar a la infancia o donde sea. Forman parte de la memoria cultural".

Arroz de pescado

Recomendada por **Agustí Villaronga**

Hacer el arroz más o menos caldoso depende del gusto de cada cocinero.

Ingredientes:
½ quilo de pescado de roca para hacer caldo
1 calamar
¼ de quilo de gambas
Mejillones
Arroz (un puñado por persona)
3 tomates no muy grandes
1 cebolla
3 ajos
2 puerros
Hierbabuena y perejil

Elaboración:
Freiremos en una sartén todo el pescado de roca hasta que esté doradito. Después, con el aceite sobrante (lo justo para hacer un sofrito, el resto hay que retirarlo) se hará un sofrito con la cebolla, los ajos, los tomates, los puerros, un poquito de hierbabuena y el perejil. A fuego lento.

Añadiremos después el agua necesaria para hacer un buen caldo con el pescado de roca y, si se quiere, también la cabeza de las gambas. Se hierve todo bien hervido, y después conviene chafarlo todo en un colador para extraer todo el jugo.

Una vez tengamos el caldo (conviene colarlo un par de veces), añadiremos el calamar en rodajas y lo dejaremos cocer. Agregamos las gambas y finalmente el arroz.

Unos minutos antes de que esté a punto, se añade una picada de ajo y perejil.

El ibicenco David Marqués es guionista y director de cine, autor junto a Javier Fesser de la laureada "Campeones".

Seña de identidad

La publicación de este libro de recetas coincidirá con el estreno de la última película del ibicenco David Marqués, que se confiesa más competente tras una cámara que frente a los fogones. Habrá que verlo, así que mientras esperamos a que estrenen "Puntos suspensivos", les proponemos cocinar un buen *bullit de peix* ibicenco por recomendación del cineasta, aunque él mismo reconozca que prefiere comerlo a tener que hacerlo. Entre otras cosas porque "si tardo más en cocinarlo que en comerlo, ya me pongo nervioso". "Lo mío es la cocina de 10 minutos. Qué le voy a hacer", bromea.

De hecho, David asegura que "soy más del dulce que del salado, pero como ibicenco tenía que recomendar el *bullit de peix*, porque es como una seña de identidad de la Isla". En realidad, añade, "el pack tradicional completo exige rematar la comida con una greixonera y brindando con hierbas ibicencas."

Bullit de peix

Recomendada por **David Marqués**

Ingredientes:
para cuatro personas
2 kilos de pescado de roca
(al gusto: Cabracho, serranos, mero…)
½ kilo de patatas
½ kilo de arroz
Aceite de oliva
Ali-oli
2 pimientos rojos pequeños
1 pimiento verde
1 cabeza de ajos
1 tomate
1 cebolla
Perejil, sal y pimienta

Elaboración:
El *bullit de peix* son en realidad dos platos. O un plato que se sirve y se come en dos tandas. Así es como lo cocinan y lo comen en Ibiza.

Lo primero, por supuesto, es limpiar y salar el pescado escogido, que dependerá del gusto, del surtido del día en el mercado o de las posibilidades de cada uno, pero que preferentemente debe ser de roca.

En una cazuela de barro, cortadas en cuadrados grandes, se pondrán las patatas para dorarse en el aceite caliente. A la vez se sofríen los pimientos verdes y rojos y algunos dientes de ajo, así como una picada de cebolla, tomate y perejil y un poco de ajo.

Cuando la mezcla esté bien sofrita, y antes de que las patatas se frían demasiado, se añadirá agua hasta cubrir las patatas, y se dejará hervir todo hasta que estén blandas.

Mientras hierve, se irán añadiendo los trozos de pescado que, en unos 6 o 7 minutos, estarán en su punto. No conviene dejarlo demasiado tiempo, pues mejoraría el sabor del caldo, pero lo perdería el pescado.

Una vez fuera del fuego se pondrá en una fuente el pescado con un poco de caldo y las patatas, que se cubrirán con una ligera salsa de ali-oli rebajada con el propio caldo del pescado.

Por otra parte, con el resto del caldo se hará un sabroso arroz a banda, que se sirve después como complemento o como segundo plato. Según se mire.

La contundencia de esta receta hace que, pese a ser de pescado, un vino tinto con cuerpo sea incluso más recomendable que la ligereza de un blanco fresquito.

37

El sabor de los buenos recuerdos

Llum Barrera, actriz de cine, teatro y televisión, adquirió gran popularidad con su personaje Carmen de la serie "Aquí no hay quien viva".

La conocida actriz Llum Barrera vive ahora en Madrid, y desde allí rememora con nostalgia los platos de su tierra, Alcudia, pueblo marinero. Y como no podía ser de otra manera, nos propone un plato de costa, los calamares rellenos, aunque le ha costado decidirse entre este y el pica pica que, al parecer, era objeto de encendidas competiciones familiares.

De los calamares rellenos también nos cuenta una anécdota entrañable: "Es un plato típico de pescadores. Los calamares de potera más gordos los guardaban para hacerlos rellenos de carne, además de los alerones del calamar, pasas y piñones. Era un plato típico de Navidad. La abuela de mi marido era la encargada de prepararlos. Y no sabéis lo buenos que los hacía. Los mejores del mundo. Aquí queda dicho. Un año los preparó y los congeló, para tenerlos a punto para el día de navidad. Pero unos días antes de fiestas, tuvo un derrame cerebral y cayó en coma durante un mes. Así que no los pudimos comer hasta que se despertó y pudimos estar todos juntos para disfrutarlos. Esos calamares rellenos fueron los mejores que he comido nunca. Ahora cada navidad, cuando los comemos, recordamos aquel fatídico año, y nos alegramos del final feliz. Con la boca bien llena, eso sí.".

Calamares rellenos

Recomendada por **Llum Barrera**

Ingredientes:
para 6 personas
6 Calamares
250 gramos de carne (vacuno o cerdo)
150 gramos de harina
30 gramos de pasas
30 gramos de piñones
1 cebolla pequeña
3 dientes de ajo
1 cucharada de manteca de cerdo
3 ramitas de perejil
½ decilitro de aceite
Sal
Para la salsa
250 gramos de tomate de ramillete
1 cebolla
3 dientes de ajo
1 decilitro de aceite
1 cucharadita de azúcar

Elaboración:

Vaciar, limpiar, enharinar los calamares y reservarlos. Picar las patas de los calamares y reservar las bolsas de tinta. Pelar y picar muy finamente la cebolla y los dientes de ajo. En un mortero, machacar los piñones y el perejil. Calentar dos cucharadas de aceite y la manteca de cerdo en una cazuela y freír la cebolla y el ajo picados. Cuando estén doraditos, añadir las patas de calamar, las pasas, los piñones y el perejil picados y la carne picada (opcional de vacuno o de cerdo). Sazonar con sal, tapar la cazuela y rehogar 5 minutos a fuego suave. Remover la mezcla de vez en cuando con una cuchara de madera. Que se vaya dorando todo.

Rellenar los calamares con la mezcla y cerrarlos con un palillo. Conviene no llenarlos demasiado, porque al freírse los calamares encogen un poco y podría salirse el relleno.

Mientras, preparar la salsa. Pelar y picar los dientes de ajo, el tomate y la cebolla. Calentar el resto de aceite en una sartén y freír los calamares rellenos. Cuando estén ligeramente dorados, escurrirlos y reservarlos en una cazuela de barro.

En el mismo aceite, freír la cebolla y los ajos picados. Añadir el tomate, sazonar con sal y la cucharadita de azúcar y sofreír 5 minutos a fuego suave. Verter la salsa sobre los calamares. Tapar la cazuela y cocer 45 minutos a fuego suave. Comprobar el punto de sal, quitar los palillos y servir.

Un lujo del paladar

El menorquín Joan Pons está reconocido como uno de los principales barítonos dramáticos del mundo.

Su voz ha recorrido los escenarios más prestigiosos del mundo formando parte de las mejores compañías de ópera internacionales. Con su talento lírico ha ejercido de embajador menorquín a lo largo y ancho del planeta. Pero Joan Pons siempre ha estado cerca de sus raíces, aunque no haya dejado de viajar. Tal vez por eso ha escogido la caldereta de langosta como recomendación inexcusable de la tradición culinaria de su tierra. "Porque es un auténtico lujo que no se come muy a menudo, pero que siempre es un placer especial y representa muy bien la esencia de la gastronomía menorquina", explica. "Pensar en una caldereta es pensar en Menorca".

Además, según asegura, tanto le gusta este plato que "prefiero degustarlo a cocinarlo. Soy un buen cocinero, pero con la caldereta nunca me he atrevido. Causa un cierto respeto y no hacerla bien sería casi un sacrilegio", afirma.

Caldereta de langosta

Recomendada por **Joan Pons**

Ingredientes:
para 4 personas
2 piezas de 1 kilo de langosta
(suele ponerse ½ kilo por persona)
1 litro de caldo de pescado
50 gramos de cebolla
4 Pimientos
350 gramos de tomates maduros
Perejil, sal y pimienta
2 ramitas de hinojo
2 tallos de puerros picados
2 dientes de ajo
Un vaso de aceite de oliva
1 copita de Brandy
para la picada
Almendras tostadas
Un diente de ajo
Perejil fresco
Pan frito

Elaboración:
La caldereta debe cocinarse en una cazuela de barro. Esto es esencial. En este recipiente, a fuego muy vivo, ponemos el aceite y sofreímos ligeramente los medallones de la langosta ya cortados. Los sacamos y los reservaremos para más tarde.

Antes de sofreírlas, las cabezas deben partirse por la mitad para extraer los sesos y la sangre de la langosta, que se utilizará para hacer la picada posterior.

Sofreímos ahora las cabezas del crustáceo con unos ajos y toda la verdura picada, y añadimos luego el caldo de pescado manteniendo la cocción del conjunto durante 20 minutos aproximadamente. Después, tras retirar el marisco, hay que triturar y colar el caldo varias veces hasta conseguir una textura fina y sin restos de cáscaras.

Ponemos de nuevo la cazuela al fuego, ahora ya con toda la langosta, y flambeamos con el brandy. Después vertemos el caldo de nuevo y dejamos que cueza 15 minutos más a fuego lento.

Mientras tanto, elaborar la picada en un mortero. Añadir los sesos y la sangre de la langosta que se habían reservado previamente y agregar las almendras, el pan frito en el aceite de sofreír la langosta y el ajo. Triturar hasta que la mezcla sea homogénea.

Cuando resten cinco minutos para apartar del fuego la cazuela, introduciremos la picada de almendras, para que le de la textura definitiva al plato.

Conviene dejarlo reposar unos minutos antes de servir, y ya en el plato sopero añadir al gusto algunas rebanadas muy finas de pan tostado.

Foto: Miquel Àngel Cañellas

El toque del alioli

El hábitat natural de Joan Bibiloni son los escenarios, no la cocina. "He de reconocer que soy un cocinero muy limitado". Menos mal que su poca traza la compensa de sobra la buena mano de su mujer, que es la que nos propone esta sencilla y deliciosa receta, heredada, por cierto, de su madre.

Es una receta muy clásica y sin muchas complicaciones. Con sus verduras y, si queremos que sea un poco más consistente, con unos huesos de cerdo. "Pero la nuestra, asegura Joan, tiene un toque especial que la hace única. Una vez que los garbanzos están cocidos, con el fuego apagado, se añade un poco de alioli, se revuelve y se sirve. ¡Está increíble!

Joan Bibiloni ha sido durante décadas, y aún lo es, uno de los actores teatrales y televisivos más populares de Mallorca.

Ciurons cuinats
(Garbanzos cocinados)

Recomendada por **Joan Bibiloni**

Ingredientes:
250 gramos de garbanzos cocidos
200 gramos de tocino
100 gramos de huesos de cerdo
100 gramos de cebolla
200 gramos de tomate
300 gramos de patatas
¼ de col
2 manojos de acelgas o de espinacas
1 cabeza de ajos
Sal, aceite de oliva, pimentón y pimienta
Alioli casero

Elaboración:
Sofreír la carne con los huesos y cuando esté bien dorada, añadir la cebolla y el tomate. Cuando esté sofrito, poner sal, pimienta y pimentón dulce. Se añade agua hasta que lo tape y se añade la cabeza de ajos entera y sin piel blanca. Dejar que haga chup-chup y añadimos la col, las acelgas o las espinacas y dados de patata un poquito más gruesos que los garbanzos. Cuando nos parezca que ya es la hora, añadimos los garbanzos cocidos, removemos y lo dejamos un ratito más. Corregir de sal y, con el fuego apagado, añadir el alioli, mezclar bien y a comer.

Instinto culinario

Nacido en Manacor, donde incluso tuvo un restaurante ("El rei de Tonga"), Joan Bibiloni asegura tener un "instinto natural para la cocina", e incluso piensa que de no haberse dedicado a la música, hubiera sido un buen cocinero. "Nunca me da pereza cocinar –explica–, y cada medio día me preparo la comida para mí solo, porque disfruto de hacerla tanto como de comerla". "Y lo que más me gusta –prosigue– es hacer cocina de despensa, con absoluta libertad e improvisación. Probando cosas y combinando ingredientes, a ver qué sale".

El conejo con cebolla, por ejemplo, "debo decir que me sale muy bueno, pero no tanto como el de mi madre que era insuperable". Tal vez por eso, por razones sentimentales y familiares, ha escogido este plato de entre el extenso y variado recetario balear, que Joan considera un lujo. "No es una cuestión de chovinismo. Es un hecho que la cocina de las Islas es tan rica como variada, abundante y repleta de matices exquisitos. Si investigas un poco en la cocina balear, las posibilidades son enormes, y eso no significa convertirla en cocina de autor, sino que en la cocina tradicional puedes ser enormemente creativo y los resultados son fabulosos e inesperados".

Lo cierto es que al oírle hablar con tanta pasión a uno se le despierta el hambre, así que vamos a cocinar.

Joan Bibiloni es un compositor, guitarrista y productor musical que, de no haberlo sido, sería cocinero.

Conejo con cebolla

Recomendada por **Joan Bibiloni**

Ingredientes:
para cuatro personas
Un conejo
1 kilo de cebolla
200 gramos de tomate
Ajo y perejil picados
Pimentón
Laurel
Aceite
Coñac

Elaboración:
Para empezar hay que trocear el conejo, salpimentarlo, dorarlo en aceite y flambearlo con el coñac.

A continuación se corta la cebolla a lo largo y se rehoga con poco aceite hasta que esté transparente. Se le añade el tomate y una hoja de laurel. Y es aquí cuando agregaremos el conejo, que deberá cubrirse con un poco de agua o caldo de carne, que lo hará un poco más gustoso, dejándolo cocer todo a fuego lento hasta que el conejo esté tierno.

Una vez cocido puede añadírsele una picada de ajo, perejil y pimentón para hacer más sabroso el plato.

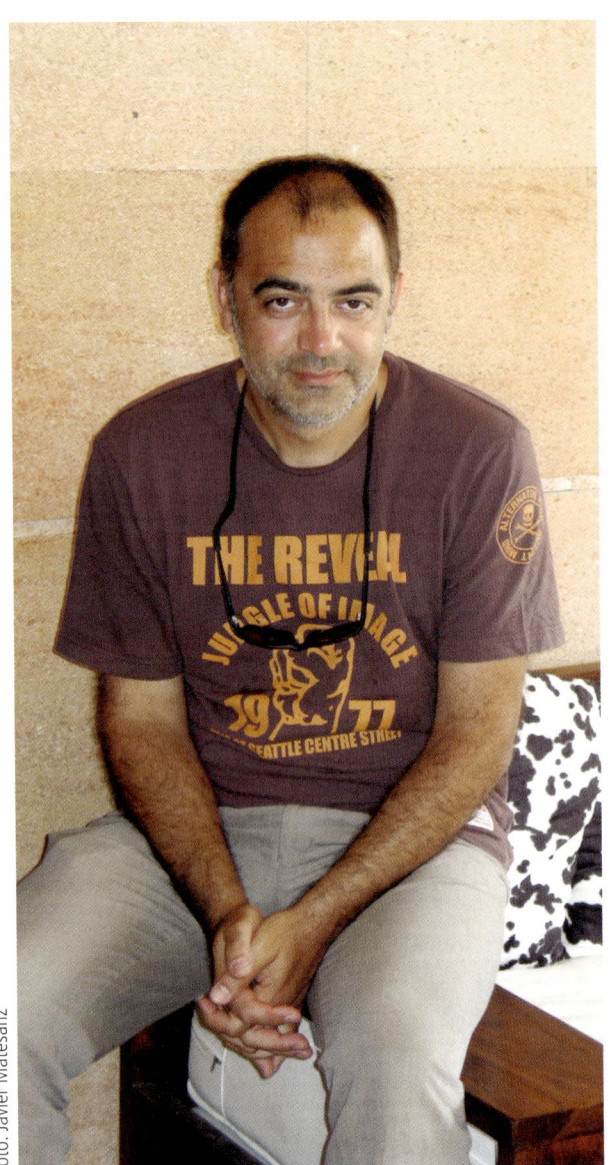

Foto: Javier Matesanz

Pep Tosar, actor y director teatral de prestigio, cada vez más presente en las pantallas de cine.

Pura poesía

Durante muchos años este *artanenc* residió y trabajó en Barcelona, aunque nunca abandonó del todo la isla. Las raíces estiran, y uno no se puede alejar demasiado de sus orígenes cuando el paladar, tozudo, insiste una y otra vez en recordarnos el sabor de la memoria. Y el actor no puede olvidar "los *escaldums* de mi padre".

"Era cocinero. Uno de los buenos. Un chef de restaurantes y de hoteles que basaba su erudición culinaria en la tradición", recuerda. Pero como eran pocas las veces que podía lucirse en aquellos menús para turistas, "era en invierno, cuando cocinaba en casa, cuando se liberaba de todo aquello que había tenido que reprimir durante el verano. Y entonces sí, cuando hacía los *escaldums* en casa, para mi madre, mi hermana y para mi, eran pura poesía".

Escaldums

Recomendada por **Pep Tosar**

Ingredientes:
1 pollo grande troceado
3 cebollas
1 cucharada de salsa de tomate
1 puñado de guisantes hervidos
1 puñado de cebollas pequeñas
1 cabeza de ajos
Piñones
Almendras
Sal, pimienta y pimentón
Harina
Coñac o vino blanco

Elaboración:
Primero hay que pasar por la sartén el pollo enharinado y troceado hasta que esté ligeramente dorado.

Después los colocamos dentro de una cacerola con dos dedos de agua y se ponen a hervir a fuego muy lento. Mientras tanto en la sartén, con el mismo aceite sobrante de antes, se fríen las tres cebollas desmenuzadas y adobadas con un poco de sal, pimienta, pimentón y la cucharada de salsa de tomate natural (si no es de bote mejor). La salsa resultante será la que verteremos sobre el pollo cuando este esté en su punto, y acabaremos de cocer el plato con los guisantes, las cebollas pequeñas, los ajos, una picada de piñones y almendras, y el toque de alegría que le otorga un chorrito de vino blanco o de coñac.

También se pueden hacer los *escaldums* de pavo.

Foto: Jack el diseñador

"Improvisando siempre quedan bien"

A pesar de que el Hombre Cucaracha fue el que le brindó la popularidad, no nos parecía el mejor personaje para un libro de cocina, de modo que decidimos contar con su alter ego humano, con el artista que se esconde en su interior, que no es otro que Daniel Higiénico, al cual, según parece, le gusta comer casi tanto como cantar.

"He escogido esta receta porque las habas son uno de mis platos favoritos. Preferentemente rehogadas con tocino, chorizo, morcilla y cosas así... El caldito que queda es una maravilla... Yo las cocino con cebollita, un poco de tomate, laurel, pimienta y lo que haya de cerdo, claro... siempre quedan bien..." Y es que a Daniel también le gusta cocinar, y lo hace a su estilo, igual que actúa sobre un escenario. Es decir, con mucha improvisación.

"Nunca hago la misma receta. Voy probando. Improviso... He cocinado paellas de mil maneras... eso es lo que me divierte. Además de comérmelo, claro. Uno de mis platos favoritos son los calamares rellenos... y me gusta comerlos de un día para otro, a temperatura ambiente... y si hay un culito de champán en la nevera (de esos que sobran en las fiestas), mejor".

Daniel Higiénico es un artista polifacético que lleva la composición y la canción a los límites caricaturescos de la performance cómico-musical.

48

Habas a la mallorquina
Recomendada por **Daniel "Higiénico" Soler**

Ingredientes:
para cuatro personas
400 gramos de habas tiernas
100 gramos de tocino
Una copita de vino blanco
100 gramos de butifarrón (o morcilla)
100 gramos de choricito
100 gramos de tomate
Una cebolla
Ajos y laurel
Pimentón
Sal y pimienta

Elaboración:
Pondremos un poco de aceite en una cazuela. Una vez que se haya calentado lo suficiente, sofreiremos el tocino, el chorizo y el butifarrón, que previamente habremos cortado en rodajas pequeñas. Se añade después la cebolla picada, tres dientes de ajo, los tomates pelados y troceados, una hoja de laurel, una pizca de pimentón y la copita de vino.

Se rehoga un momento el conjunto y se agregan después las habas. Se mezcla bien todo y se sazona con sal y pimienta (al gusto). Se tapa la cazuela, que si es de barro mejor, y se cuece a fuego lento, removiendo el contenido de vez en cuando, hasta que todo esté en su punto. Ese punto que solo una cuchara de madera en los labios puede certificar.

"El mejor recuerdo de mi casa"

Foto: J. M. Morales

Pocas personas encarnan la mallorquinidad como Tomeu Penya. Es el emblema más carismático y popular de la cultural insular, de la autenticidad de pueblo, de "lo nuestro". Y solo hay una cosa que haga mejor que cantar y es comer *frit de mantances:* "es el mejor recuerdo que guardo de mi casa, de mi infancia. Cuando hacíamos *matances* y comíamos *frit* al mediodía era una cosa inolvidable. Una sensación tan arraigada y feliz que no he olvidado ni olvidaré nunca".

Ir de *matances* sigue siendo una cita inexcusable para él, pero solo va a las de toda la vida, porque "me invitan a muchas, pero aunque esté muy agradecido no puedo ir a todas". Y aún ahora, el día de *matances*, cuando prueba el *frit* y también el arroz de *matances*, "disfruto tanto como el primer día. Me siento feliz. Es el *súmmum*".

El carismático cantante Tomeu Penya es quizás el artista que mejor encarna la autenticidad mallorquina.

50

Frit de matances

Recomendada por **Tomeu Penya**

Ingredientes:
300 gramos de tocino
250 gramos de carne magra
250 gramos de hígado
300 gramos de panceta
1 quilo de pimientos rojos
1 quilo de patatas
1 decilitro de aceite de oliva
Ajos
Hojas de laurel, sal y pimienta

Elaboración:
Conviene aclarar que este plato es uno de los más tradicionales de la cocina familiar mallorquina, y, por tanto, hay tantas recetas como *madones* que las quieran preparar. Sobre todo si tenemos en cuenta que se trata de un plato en el que todo cabe. Pero se podría hablar, de alguna manera, de una base auténtica, que sería más o menos esta, según "algunas de las mejores cocineras de Vilafranca", nos asegura Tomeu Penya.

Hemos de cortar todos los tipos de carne en trocitos pequeños, aliñarlos con sal y pimienta, y freírlos con un poco de aceite por separado, hasta que todos estén hechos.

En el mismo aceite se debe sofreír el pimiento rojo troceado y las hojas de laurel (dos).

Las patatas "que deben ser mallorquinas" (Tomeu insiste mucho en este tema), se cortan en trocitos pequeños y también se fríen con aceite. Pero otro nuevo, que no sea el mismo que el de la carne.

Una vez que todo esté frito por separado, lo mezclaremos en una cazuela de barro y estará listo para servir. Siempre caliente y con un buen vino. Y si es el mismo día de las matanzas, ya es insuperable.

Sabor con carácter

Koldo Royo es un cocinero vasco-balear tan popular como prestigioso en las Islas por su difusión mediática de nuestra gastronomía.

"Las codornices rellenas de pétalos de rosa es una de esas recetas que contienen especiales significados para mí. En la vida de un cocinero creas, versionas y aplicas muchas recetas de las cuales, en ocasiones, incluso derivas otras. Pero recetas con carácter y que tengan nombre propio, no tantas. Esta receta sí es una de ellas. Es una de las primeras que creé al poco tiempo de llegar a Mallorca, ya como jefe de cocina del restaurante Porto Pi (1985), y fue uno de esos platos que, mientras lo imaginaba, probaba y presentaba en la carta, supe que iba a trascender, no tanto como estallido puntual, sino introduciéndose poco a poco en otras cocinas, en otros restaurantes, en otros lugares. Ahora ya se encuentra en muchas cartas de distintos países y eso hace que se vaya perdiendo la referencia del autor.

La receta surgió mientras estudiaba unos manuscritos antiguos de recetas de cocina de casas señoriales mallorquinas, en las que encontré creatividad, refinamiento y una familiaridad con productos de ultramar que, más adelante, quedó limitada para recuperarse luego en nuestros días. Así que tenía esas elaboraciones delicadas de las casas señoriales, tenía a mis amigos cazadores, que a menudo me traían codornices hasta la cocina del restaurante, tenía las deliciosas patatas pobleras que encontraba en mercados locales, tenía magníficas rosas en el jardín del propio restaurante, y tenía el foie que, en ese momento, empezaba a difundirse por España. Con esas bases creé esta receta que, además, seleccioné para la cena que di en la Moncloa a Felipe González y a su invitado de honor, el presidente de Argentina Raúl Alfonsín".

Codornices rellenas de foie y pétalos de rosa

Recomendada por **Koldo Royo**

Ingredientes:
para 4 personas
8 codornices, 200 gramos de hígado de pato
Crepineta (telilla grasa del vientre de una res que sirve para envolver los manjares que se van a cocinar)
Patatas limpias, peladas y ralladas
24 pétalos de rosa, 16 hojas de rosa
Aceite de oliva, sal y pimienta
125 mililitros de vino tinto, 1 cucharada de miel
Para la salsa: 1 zanahoria pequeña, 1 puerro, 1 rama de apio, 1 cebolla pequeña, 1 diente de ajo, Tomillo
½ litro de vino tinto, 1 decilitro de brandy,
500 mililitros de Oporto, 2 cucharadas soperas de té verde, 250 gramos de jugo de ave
Aceite de oliva y sal

Elaboración:
Sumergimos las patatas ralladas en agua fría. Deshuesamos las pechugas de las codornices reservando las carcasas para la elaboración de la salsa. Separamos los muslitos de las codornices, quitándoles uno de los huesos formando como una "piruleta". Atamos los muslitos con un palillo para que conserven la forma.

Cocemos los muslitos con el vino tinto y la miel durante 5 minutos. Reservamos.

Salpimentamos las pechugas. Cortamos el hígado en cuatro tozos de 50 gramos cada uno. Envolvemos cada trozo por separado con los pétalos de rosa. Ponemos cuatro pechugas de codorniz boca arriba, las aplastamos ligeramente y, en el interior, colocamos uno de los trozos de foie envuelto en los pétalos de rosa. Cubrimos cada pechuga con otra (las pechugas formarán como una bola en cuyo interior estará el foie). Envolvemos cada pechuga con crepineta y las colocamos en una fuente, horneándolas rociadas con un poco de aceite de oliva unos 10 minutos a 200° C.

Para la salsa: sofreímos las carcasas de las codornices en un cazo con aceite de oliva. Añadimos las verduras y rehogamos hasta que estén bien doradas. Regamos con el brandy y dejamos evaporar. Añadimos las hierbas aromáticas. Mojamos con el vino tinto, dejamos que evapore durante unos minutos. Añadimos el Oporto. Dejamos reducir a fuego lento hasta que tenga una consistencia bastante espesa y añadimos el jugo de ave y el té. Pasamos por un chino y devolvemos al fuego. Si le faltase cuerpo, espolvorear una cucharadita de harina de fécula de maíz y dar un hervor.

Escurrimos las patatas ralladas y las secamos. Las freímos en abundante aceite caliente. Sacamos y escurrimos.

Acompañamos el plato con patata finamente rallada y frita, y con las hojitas de rosa fritas.

Placer contradictorio

Rafa Cortés, director de cine que debutó con la película de culto "Yo".

Rafa Cortés escogió Estellencs para rodar su primer largometraje, "Yo", porque fue en ese pueblo donde pasó los mejores momentos de su infancia y juventud, y es consciente de la importancias de los orígenes y de las raíces en lo que posteriormente somos, hacemos y haremos.

Y quizás también por eso ha escogido un plato tan mallorquín y tradicional como es la lengua con alcaparras. Una receta que para él es tan contradictoria como la vida misma, según nos explica, porque está llena de experiencias inexplicables pero enriquecedoras. "No me gustan nada las alcaparras –asegura–, y la lengua tiene una textura como mínimo extraña, singular, que yo no definiría como agradable. Y, en cambio, la unión de la lengua con las alcaparras me gusta mucho en esta receta. Supongo que la principal razón debe ser que mi abuela la hacía buenísima, pero sé que es un contrasentido que la enumeración de los ingredientes, el enunciado del plato empiece tan mal y luego me guste tanto. Bueno, en cualquier caso, tengo muy claro que la lengua con alcaparras es mejor comérsela que no que te la expliquen".

Y Rafa de comer sabe un rato largo. De hecho, se define como un comedor de alto nivel. "Como mucho mejor que cocino", señala con rotundidad, "y eso me desequilibra. Me provoca una cierta insatisfacción, porque soy un cocinero muy ocasional y bastante malo y, claro, no estoy a la altura de mis exigencias".

Lengua con alcaparras

Recomendada por **Rafa Cortés**

Ingredientes:
700 gramos de lenguas de vaca
250 centilitros de salsa de tomate
4 patatas
Alcaparras en vinagre
1 cebolla
2 cabezas de ajos
Vino tinto
Hierbas aromáticas
Pimienta de cayena
Aceite virgen
Mantequilla
Agua, sal y pimienta

Elaboración:
Antes de empezar con el sofrito, conviene poner a cocer las lenguas durante una hora, aproximadamente. Se deben poner dentro de una olla con agua suficiente, un poco de aceite, las hierbas aromáticas que se hayan escogido según el gusto de cada uno, la pimienta de cayena (las cantidades también dependen del gusto, porque es muy picante), una cabeza de ajos, sal y pimienta en grano.

A parte, mientras que el fuego hace lentamente su trabajo, cortamos la cebolla y los ajos y lo sofreímos todo con un poco de aceite y mantequilla. Añadimos después las patatas, y, en seguida que se doren, añadimos la salsa de tomate y un pellizco de sal y pimienta.

En la olla, las lenguas ya estarán cocidas, y ahora se deberán trocear muy finas y añadirlas al sofrito. Ponemos un poco de vino negro mallorquín, el doble de caldo donde se han cocido las lenguas (conviene haberlo colado) y lo dejamos todo a fuego lento unos veinte minutos, durante los cuales agregaremos las alcaparras al conjunto.

Añoranza de *"lo nostro"*

Lluís Segura lleva años interpretando su música *indie* por los escenarios, que empezaron siendo locales y después internacionales. Sobre todo a partir su cuarto disco al frente de la banda L.A, *Heavenly hell*. Un trabajo que trascendió fronteras. De modo que toca salir de gira, viajar mucho y comer lejos de casa. Por eso se le ha disparado la nostalgia gastronómica y ha empezado ya a echar de menos el lomo con col de su madre. Y nos lo explica así de claro: "lo prepara que te mueres de bueno y es uno de mis platos preferidos. Hace que se me caiga la lagrimilla. Sobre todo cuando lo recuerdo y estoy lejos, comiendo de restaurantes. Es uno de esos sabores que me trasladan no solo a la isla, sino a mi casa, a mis sitios, recuperando sensaciones auténticas que me emocionan. Son esos momentos en que te das cuenta de cuanto añoras *lo nostro*".

La pena es que no puede compensar él mismo la añoranza, pues sus limitaciones como cocinero son notables. "A parte de que cuando estás de gira es imposible cocinar, mi repertorio culinario es muy pobre. Pura supervivencia. Sin duda, es mi asignatura pendiente", confiesa.

Lluís Segura, músico mallorquín que lidera la banda L.A.

56

Lomo con col

Recomendada por **Lluís Segura (L.A)**

Ingredientes:
para seis personas,
12 bistecs de lomo de cerdo
50 gramos de piñones
100 gramos de pasas
1 col grande
3 cebollas
5 dientes de ajo
3 tomates
1 vaso de jerez
200 gramos de sobrasada
200 gramos de butifarrón
150 gramos de tocino
2 decilitros de caldo de gallina
Miga de pan
2 huevos

Elaboración:

Lo primero es preparar la col. Deberemos deshojarla y luego escaldar las hojas en agua caliente durante unos minutos. Después refrescar y reservar para más tarde.

Hacer la salsa rehogando en una sartén la cebolla picada, los ajos y los tomates picaditos. Cuando esté en su punto, añadimos unos piñones y las pasas. A la mezcla le agregamos un vasito de jerez y lo dejamos unos minutos a fuego lento para que se reduzca.

Volvemos ahora a las hojas de col y las distribuimos en una base lisa. Se pueden hacer montoncitos con varias de ellas. Tantos como bistecs de lomo tengamos, pues pondremos uno sobre cada montón. Previamente fritos, pero no en exceso.

Encima colocaremos un trocito de sobrasada, de butifarrón, de tocino y algunas pasas y piñones más. Y una vez esté todo colocado, se hará como un atadillo con las hojas de col para que no se salga el relleno.

Batimos los huevos y con un pincel mojamos cada uno de los "paquetitos" de col.

Después los pondremos dentro de una cazuela de barro untada con aceite y con pan desmigajado en el interior. Otro chorrito de aceite por encima y al horno a 180°. Cuando empiecen a dorarse las diferentes piezas, le vertimos por encima la salsa que hemos preparado y el caldo, que nunca deben llegar a cubrir por completo los ataditos de col.

Estarán listos para servir cuando la col esté muy tierna. A la hora de consumirlo es casi mejor si está hecho del día anterior.

La protagonista de las bodas

Foto: Julián Aguirre

Agustín "El casta" es uno de los humoristas más populares de Mallorca, aunque deba compartir los aplausos con al menos tres o cuatro delirantes "alter egos" que le disputan las risas y el éxito.

Agustín "El casta" no tiene ninguna duda: "en Mallorca la verdadera protagonista de las bodas no es la novia, es la lechona". Y no contento con semejante afirmación, continua: "no hay boda que se precie que no sirva en el menú un buen *arròs brut* y *porcella* con *patató*, seguido de pijama, tarta reina y champán. Esto ha sido así toda la vida, hasta que llegaron contaminaciones externas y otras exquiteces de diseño". Y es que Agustín es un hombre de gustos tradicionales, y si las bodas y la Navidad son sus fiestas preferidas, no entiende porque tienen que cambiarle el plato típico de estas celebraciones, que no son lo mismo sin una buena lechona al horno.

De hecho, asegura que "uno de mis entretenimientos favoritos es recorrer restaurantes de toda la isla buscando donde hacen las mejores lechonas, y a veces las encuentras en los lugares más inesperados. Cuando esto ocurre es un gran momento. Es como tocar el cielo con el paladar". Y puesto a hacer confesiones no duda en decir que "yo solo sé comerla, no cocinarla. Pero soy muy bueno en lo mío". "Lo importante es que la piel haga crack –explica extasiado–, y que la carne de dentro se funda en la boca. A veces uno tiene la sensación incluso de que debe ser un poco ilegal, de tan tierna. Pero qué maravilla, aunque tenga todo aquello que los médicos no recomiendan. Está de muerte".

58

Lechona al horno

Recomendada por **Agustín "El casta"**

Ingredientes:
1 lechona
200 gramos de manteca de cerdo
4 limones
1 kilo de patatas pequeñas (*patató*)
1 cabeza de ajos
Hojas de laurel, pimienta y sal.

Elaboración:
La lechona debe estar limpia y seca. Entonces se exprimirán sobre ella tres limones y se restregaran fuertemente sobre la piel. Después le ponemos sal por encima y la untamos con manteca de cerdo, dejándola reposar unas horas mientras se impregna del sabor del limón.

En una cazuela de barro se pone la lechona con el resto de la manteca, dos o tres hojas de laurel y los ajos sin pelar. Antes de hornear a fuego o temperatura moderada durante hora y media, conviene envolver las orejas de la lechona en papel de horno o vegetal.

Las patatas pequeñas hay que pelarlas y rociarlas con limón. Salpimentarlas y añadirlas a la cazuela cuando la lechona lleve ya una hora y media en el horno. La cocción deberá continuar durante una hora y cuarto más, a la misma temperatura y rociando la lechona frecuentemente con su propio jugo.

Tomeu Seguí ganó el Premio Nacional de Cómic el año 2009 con la obra "Les serps cegues".

Perfecto para quedar bien

" Resulta curioso que, en una isla, la pesca tenga tan poca presencia en la cocina tradicional. Y, al ser de un pueblo de interior, el cerdo, el cordero o el conejo fueron los ingredientes más comunes en mi dieta infantil. Por eso recuerdo cuando mi madre cocinaba un bacalao o un rape a la mallorquina, o nos preparaba una raya en escabeche.

Y de todas las recetas que he heredado este escabeche es el plato estrella en casa. Un plato que te hace triunfar cuando tienes invitados. Se puede preparar con cualquier pescado: sardinas, atún... pero la raya tiene un punto especial que lo hace ideal. Su carne es muy suave y gusta incluso a los que no les gusta el pescado. ¡Y no tiene espinas!

Tiene otras ventajas: como en todos los escabeches, es más buena cuanto más haya reposado, así que se puede hacer el día anterior. Y como se puede comer frío, la parte sobrante es buenísima servida encima de un lecho de ensalada. ¡Eso si sobra!

Raya en escabeche

Recomendada por **Tomeu Seguí**

Ingredientes:
para 6 personas
2 rayas medianas cortadas a trozos
5 cebollas blancas
6 zanahorias
5 alcachofas
½ coliflor
Un par (mallorquín, o sea, más de dos)
de granos de pimienta negra y sal
1 hoja de laurel
Harina de galleta
1 cabeza de ajos
Aceite, vinagre de vino o de jerez

Elaboración:
Limpiar y salar los trozos de raya, en-harinarlos i freírlos en una sartén con el aceite bien caliente hasta que estén bien doraditos. Después retirarlos y dejarlos en un plato encima de papel de cocina para que absorba todo el aceite. Después, colocar en una cazuela de barro.

Cortar la cebolla y freír poco a poco, sin que se queme. Cuando esté dorada, retirarla del fuego y colocarla en la cazuela, encima del pescado.

Cortar la zanahoria en láminas finas y freírla. Cuando esté tierna, ponerla en la cazuela.

Cortar los corazones de las alcachofas en trocitos muy pequeños. Freírlos y colocarlos encima del pescado. Cortar la coliflor en árboles pequeñitos y freír. Añadir, si es necesario, un poquito de aceite a la sartén donde se han frito todas las verduras y el pescado, y, cuando esté caliente, freír los ajos hasta que estén doraditos. Después, con mucho cuidado para no quemarse –para estar más tranquilos, mejor retirar la sartén del fuego primero– se tirará un vaso de agua caliente y la misma cantidad de vinagre, el laurel y los granos de pimienta negra. Cuando hierva, añadir 2 o 3 cucharadas soperas de harina de galleta para que se espese un poco, y remover lentamente durante unos minutos.

Nota: Si no os gusta el escabeche muy fuerte, se puede rebajar la proporción, añadiendo solo medio vaso de agua.

Tirar el escabeche en la cazuela encima del pescado y las verduras hasta que lo cubra. Tapar y dejar enfriar. Como todos los escabeches, es preferible cocinarlo un día antes. Os recomiendo servirlo acompañado de un vino Blanc de Blancs del país y disfrutaréis.

¡Buen provecho!

Chenoa, cantautora de origen argentino pero con profundas raíces mallorquinas

Nostalgia escolar

El paladar es un foco innegable de nostalgia. ¿Quién no recuerda los sabores de la infancia, el gusto de los momentos vividos, la esencia de las mejores experiencias alrededor de una mesa y en buena compañía? Instantes que revivimos en un solo bocado al recuperar las recetas de toda la vida. "Y si no que me lo digan a mi. Aún hoy añoro las sopas mallorquinas del colegio, etapa que recuerdo con enorme cariño. No era este precisamente el plato preferido de la mayoría, y por eso lo era para mí. Muchos de mis compañeros se lo dejaban, y así yo podía repetir tantas veces como quisiera. ¡Qué atracones! ¡Qué maravilla! De modo que desde que era una niña las sopas mallorquinas son mi plato favorito. Me encanta el pa pagès desmenuzado, con verdurita y ese sabor bien fuerte y tan mallorquín. Para mi representa lo nuestro".

Las sopas mallorquinas, como casi todos los platos tradicionales nacidos de la artesanía culinaria familiar, tienen tantas posibilidades y formas de preparación como personas las preparan. De modo que esta podría considerarse la base, y que cada cual añada después su toque personal y, sin duda, enriquecedor. Las originales, como receta de pobres que era, se cocinaban con ingredientes humildes y variables según la temporada.

Sopas mallorquinas

Recomendada por **Chenoa**

Ingredientes:
para 4 personas
200 gramos de carne magra
6 tomates de ensalada
2 manojos de cebolleta
Una col
Un manojo de espinacas
6 dientes de ajo
Un manojo de perejil triturado
Pan de sopas
1 vaso de agua

Elaboración:
En una cazuela de barro —y esto si que es innegociable para garantizar la autenticidad de las sopas— se pone aceite a freír con la carne escogida hasta que esta esté bien dorada. Cuando las sopas se hacen con carne, que es una de las variantes más populares, se denominan "sopas de matanza", y la carne magra o la costilleja de cerdo son las más habituales y recomendables. Por supuesto, también pueden hacerse vegetarianas.

Una vez que la carne está en su punto (en caso de haberla), añadimos unos ajos previamente machacados (entre 4 y 6 según el gusto) y los tomates limpios y ya troceados. Cuando el tomate esté frito junto a los ajitos, llega el momento de la col, que es uno de los ingredientes más importantes de la receta. El que le otorga junto al pan la personalidad al plato. Hay que trocearla (no desmigajarla) y dejar que se reduzca un poco a fuego lento en la cazuela. Solo entonces añadiremos las espinacas, el perejil y las cebolletas. Aunque, como decíamos antes, las verduras y hortalizas pueden variar según sea la temporada.

Lo sofreiremos todo un poco y añadiremos un vasito de agua (lo más pura posible. De campo. Si estamos cocinando en la ciudad, mejor que sea embotellada). Y todo ello deberá hervir hasta que las verduras estén en su punto. Desde luego no hay que dejar que se evapore mucho el fondo. El jugo es sabroso. Y sobre este lecho hay que añadir el pan de sopas. Pan mallorquín cortado muy fino. En lonchas. Y nunca, bajo ningún concepto, hacerlo con otro tipo de pan, que pervertiría la esencia de este plato tradicional e inconfundible.

Se mezcla todo bien mezclado, se riega con un chorrito de aceite de oliva, y a reposar. Al menos 30 minutos antes de servirlo. Y luego va al gusto de cada uno, pues hay quien las prefiere frías y también quienes las calientan. Pero la verdad es que tanto unos como otros disfrutaran de un plato mallorquín único e inimitable.

Entre las variantes más habituales se encuentran la sobrasada, el tocino o las setas de temporada. Todo son gustos.

Dulce de campeones

Toni Nadal lo tuvo claro cuando contactamos con él: "mi mujer es la que sabe de estas cosas y te lo explicará todo". Y así fue, Joana Maria no dudó: La coca de albaricoque es el dulce de los campeones. El postre que más les gusta a todos. Y es una receta que ella sabe cocinar mejor que nadie. "A veces les llevo una coca después de los entrenos y siempre parece que he hecho poca. A Rafa le encanta. ¡Y no veas lo que come, este chico! Nos entró la gula y le pedimos sus secretos reposteros para compartir el tesoro más goloso de esta familia de deportistas manacorenses. Todos son de buen comer, nos asegura. Pero aunque son muchos los que la comen, es ella la que cocina la coca. Y a continuación nos explica cómo hacerlo.

Familia de campeones: Rafa Nadal, uno de los mejores tenistas del mundo, Toni Nadal, su tío y entrenador, y Miquel Àngel Nadal, el mejor futbolista mallorquín de todos los tiempos. (62 veces internacional). En la fotografía con sus hermanos Sebastián y Rafel.

Coca de albaricoque

Recomendada por **la Familia Nadal**

Ingredientes:
½ kilo de patatas
½ kilo de harina de fuerza
2 huevos
125 gramos de azúcar
Albaricoques
De 30 a 50 gramos de levadura prensada (como la hacemos en verano, suelen bastar 30 gramos)
1 vasito de agua en la que hemos cocido las patatas
Aceite de oliva

Elaboración:
Primero tenemos que hervir las patatas cortadas en cubos pequeños Reservamos este agua y, con la patata aún caliente, la pasamos por el pasapuré. Volcamos en un vasito el agua tibia donde han hervido las patatas y disolvemos la levadura.

En un recipiente más grande, volcamos el azúcar –que a nosotros nos gusta más moreno– el puré de patata, la levadura y los huevos. Lo mezclamos todo. Vamos añadiendo poco a poco la haría y lo trabajamos mucho. Tiene que quedarnos una pasta muy floja.

Nos mojamos las manos con aceite y trabajamos la pasta hasta dejarla bien redondita. La dejamos subir en el recipiente hasta que doble su volumen.

Ya subida, colocaremos la pasta encima de un molde de hojalata previamente untado de aceite. Cortamos los albaricoques por la mitad y los vamos colocando encima de las pasta. Cuanto más espesos queden, mejor.

Dejamos de nuevo que la pasta haga una segunda subida. Y así, cuando haya subido la masa y con el horno ya caliente, la coceremos unos 20-30 minutos a 170º-180º.

Una vez cocida y fría, le ponemos azúcar en polvo por encima. Aunque también queda muy buena si le añadimos el azúcar antes de hornearla.

Un último consejo: "En Mallorca decimos que a las cocas, ¡cuanto más puño les das, más buenas son!"

Nota: esta es una receta de Joana Maria Vives, esposa de Toni Nadal, tía de Rafel, cuñada de Miquel Àngel y magnífica cocinera.

Jesús Murgui fue el obispo de Mallorca desde el año 2003 al 2012.

Dulces
de raíz cristiana

El obispo de Mallorca no ha dudado a la hora de colaborar en este libro de recetas mallorquinas, y lo ha hecho con una propuesta dulce muy vinculada a las principales fiestas arraigadas a las tradiciones cristianas. De hecho, él mismo nos explica las tres razones principales por las que ha decidido apadrinar los *crespells* de entre todas las posibilidades que brinda el amplio y variado recetario gastronómico insular.

En primer lugar, porque los *crespells* son mallorquines, y no se encuentran en ningún otro sitio que no sea Mallorca. Además, porque están vinculados a las Fiestas de Navidad y de Pascua. Y por último, "porque allí donde yo los probé por primera vez, y os aseguro que los hacen muy buenos, fue en la Casa de Espiritualidad diocesana de Santa Llúcia, de Mancor de la Vall, y es un recuerdo delicioso".

Crespells

Recomendada por **Jesús Murgui**

Ingredientes:
Medio vaso de zumo de naranja
4 yemas de huevo
La ralladura de una naranja
Canela
Harina floja
200 gramos de manteca de cerdo
400 gramos de azúcar

Elaboración:
Hay que empezar mezclando el azúcar con las cuatro yemas batidas hasta tener una pasta lo bastante homogénea, que después mezclaremos en un recipiente grande con el resto de los ingredientes: el zumo de naranja, la ralladura de la naranja, la canela y la manteca de cerdo (previamente fundida). La masa resultante ha de ser compacta.

Una vez conseguida la masa deseada hay que extenderla sobre una superficie lisa (mejor si es de madera) y distribuirla formando una amplia base de pasta de unos 3 centímetros de espesor (este es el volumen tradicional de estos dulces).

A partir de aquí se elegirán los moldes con los cuales cada uno dará forma a sus crespells. Los más tradicionales son corazones, estrellas y flores, aunque se pueda encontrar una gran variedad.

Después pondremos las figuritas sobre una superficie con grasa y se introducirán en el horno a unos 180º hasta que estén bien doradas. Al sacarlas se les pondrá azúcar en polvo por encima. Si se prefiere también puede ponérsele canela en polvo.

Embajadora del sabor mallorquín

Foto: José Haro

El mallorquín Daniel Monzón, autor de "Celda 211", es uno de los directores más premiados y de mayor prestigio del actual cine español.

Aunque abandonó la isla siendo aún muy niño, Daniel Monzón se ha considerado siempre mallorquín, no ha dudado nunca en hacer gala de ello y lo ha demostrado predicando con el ejemplo, pues ha elegido Mallorca para rodar varias de sus exitosas películas ("El robo más grande jamás contado" y "La caja Kovak"), que de algún modo le han convertido en embajador de las islas en los cines de todo el mundo. "Si por mi fuera rodaría siempre en Mallorca", señala.

Y es por ello, y porque es irremediablemente goloso, que de entre toda la rica y variada repostería balear ha elegido la ensaimada como la receta más apetitosa y representativa. Un dulce que, al igual que lo hacen sus films, juega un importante papel promocional de las islas en el exterior. "Las ensaimadas son, de algún modo, embajadoras de nuestra cultura", asegura.

Daniel lo tiene claro, la memoria de los sabores no tiene límites ni fronteras. Es una manera de sentirse cerca de sus raíces, y estas le unen a Mallorca, aunque su oficio le obligue a viajar continuamente. Por ello, considera la ensaimada como algo más que un dulce típico de su tierra. Es su manera de no sentirse lejos, de mantenerse conectado. Y la ventaja es que la popularidad de estos dulces le permite conseguirlo prácticamente en todo el mundo. Aunque las mejores, y eso es indiscutible, son las ensaimadas que se hacen en casa. En Mallorca.

68

Ensaimada mallorquina

Recomendada por **Daniel Monzón**

Ingredientes:
500 gramos de harina
25 gramos de levadura de panadero
80 gramos de azúcar
2 huevos
50 gramos de manteca de cerdo
1 vaso de leche
Una pizca de sal
Azúcar *glass* (al gusto)

Elaboración:
Calentar ligeramente la leche y, cuando esté tibia, mezclar con la levadura hasta que se disuelva, con la mitad del azúcar y con la pizca de sal.

Luego hay que hacer la masa con la harina y la mezcla anterior, que se verterá en un hueco hecho a modo de volcán sobre el montón de harina. También añadiremos la manteca, el resto del azúcar y los huevos bien batidos. Una vez hecho, hay que amasar hasta conseguir una pasta homogénea. Una vez mezclada, se dejará reposar por espacio aproximado de una hora hasta que doble su volumen (si tarda más hay que tener paciencia).

Una vez conseguida la masa idónea se extenderá sobre una superficie lisa y, untándola con manteca de cerdo (mantequilla no), se le dará la característica forma en espiral de las ensaimadas. A continuación, debe dejarse otra vez en reposo para que doble de nuevo su tamaño. Esta espera puede alargarse hasta doce horas.

Una vez conseguido el volumen deseado deben hornearse durante unos 15 minutos en un horno precalentado a 180º.

Poco a poco adquirirán su característico color dorado. Es entonces cuando debemos sacarlas del horno, dejar que se enfríen y espolvorearlas con azúcar glass.

Las ensaimadas son un postre, un desayuno o una merienda exquisita que pueden disfrutarse en su versión más auténtica y sencilla o rellenas de nata, de chocolate, de crema, de cabello de ángel e incluso de turrón.

Existen también recetas que combinan los sabores dulces con los salados aprovechando la base de la ensaimada. Y siempre, sin excepción, están deliciosas.

Una debilidad muy dulce

Joan Monse no es ibicenco, pero sus gustos lo parecen. Es muy goloso en general, pero tiene una debilidad que no puede ni quiere disimular, el *flaó* ibicenco. "Es con mucha diferencia el dulce que más me gusta. Me entusiasma hasta el punto que lo digo a la primera oportunidad que tengo, y en mi etapa televisiva lo hice tan a menudo que muchos de los invitados de los programas que venían desde Ibiza me lo traían de regalo", explica salivando.

Esto no significa que Joan no valore otras muchas maravillas de la gastronomía de las Islas, porque es un paladar agradecido, que cuando se siente más cómodo con la gente es alrededor de una mesa bien surtida.

Joan Monse es comunicador, actor, mentalista y goloso vocacional.

Flaó ibicenco

Recomendada por **Joan Monse**

Ingredientes:
para la pasta
125 gramos de harina
75 gramos de manteca
15 gramos de harina de almendra
50 gramos de azúcar en polvo
1 huevo pequeño
vainilla en polvo
sal
granos de anís (*matafaluga*)
una cucharadita de anís
para el relleno
250 gramos de requesón
100 mililitros de leche entera
2 huevos grandes
150 gramos de azúcar
10-15 hojas de herba sana

Elaboración:
Se ha de mezclar en un recipiente grande la manteca, la harina de almendra, el azúcar, un pellizco de vainilla, el huevo batido, los granos de *matafaluga*, el anís y un poco de sal. Una vez mezclado añadiremos la harina y haremos una bola, que hay que envolver en un papel transparente (film) y meterlo en la nevera durante 30 minutos por lo menos.

Después extenderemos la masa en un molde circular enharinado (siempre circular, el *flaó* no debe tener otras formas). La masa ha de cubrir también las paredes de este molde. Para que adquiera consistencia hay que volver a meterlo en la nevera media hora más.

Mientras tanto prepararemos el horno, que se ha de precalentar a 170 grados. Una vez que esté preparado, hay que pinchar la masa del fondo del molde con un tenedor y después añadir el relleno.

Este se habrá preparado mezclando el requesón, los huevos, la leche, el azúcar y las hojas de herba sana bastante picadas.

Una vez que el relleno esté dentro de la base, se ha de hornear durante 30 minutos. Hasta que la parte superior esté bien dorada y el interior cuajado (comprobar con un palillo. Se pincha, y si sale limpio es que ha cuajado).

Se puede decorar con azúcar por encima (mejor que no sea *glasé*). Pero esto es opcional.

Un postre agnóstico

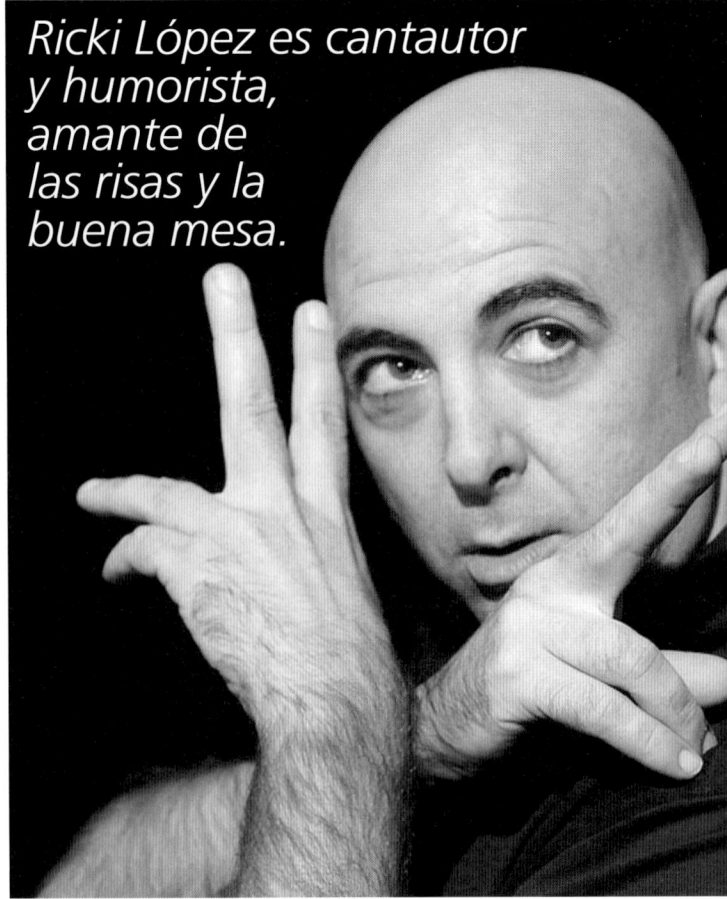

Ricki López es cantautor y humorista, amante de las risas y la buena mesa.

Definir a Ricki López no es tarea fácil. Es tal vez un cantacómico, o un humorista con ritmo, o un bufón lírico o, simplemente, un trovador simpático con voz y guitarra. No sé. A eso se dedica, a reír y a hacer reír con sus canciones y sus ocurrencias, que no ha dudado en trasladar a su recomendación gastronómica. Y es que si algo tiene este artista mallorquín, además de mucha gracia, es un buen apetito y un exigente paladar.

"Mi madre era andaluza, y recién llegada a la isla trabajó de asistenta en varias casas mallorquinas de esas *de bon de veres*. Allí aprendió a hacer el *bollit*, *la coca de trempó*, las sopas mallorquinas, el *tumbet* o el lomo con col tan bien o mejor que cualquier cocinera aborigen. Y sin dejar de ponerle su sello. Es una artista consiguiendo que la mejor comida mallorquina sea la que preparan sus santas manos *forasteras*".

"Pero los mejores recuerdos alrededor de una mesa eran fuera de casa, porque así ella también se sentaba. Íbamos a comer fuera los domingos: mis padres, mis dos hermanas y yo. A cualquier restaurante de la carretera de Manacor. Y pasaba algo inquietante. Éramos cinco comensales, pero mi padre siempre pedía *arròs brut* para cuatro. Y como yo siempre sacaba peores notas que mis hermanas, pensaba que me castigarían con un plato vacío. En cambio, con una *greixonera* para cuatro comíamos los cinco y repetíamos. Placer obligado, porque la segunda ración está mucho más buena".

"Pero por mucho arroz que comiéramos siempre había sitio para el postre. El remate. El colofón perfecto a una buena comida mallorquina. El *gató* con helado de almendras. Imprescindible. Y por eso aún hoy lo hago siempre que vienen visitas de la península y les llevo a comer. Tenéis que probar el *gató*, les digo. Es como la tarta de santiago, pero agnóstica. Sin la cruz".

"Y nunca falla. Siempre gusta"

Gató con helado de almendra

Recomendada por **Ricki López**

Ingredientes:
del *Gató*
200 gramos de almendras molidas
200 gramos de azúcar
6 huevos
1 piel de limón rallada
Canela en polvo
Azúcar en polvo
Mantequilla
del helado de almendra
250 gramos de almendra molida
2 ramitas de canela
1 peladura de limón
1 litro de leche entera
5 cucharadas soperas de azúcar

Elaboración:
del *Gató*
lo primero que debemos hacer es separar la yema de la clara de los huevos.

Con las yemas, el azúcar, la ralladura del limón, la canela y las almendras molidas, se hará una crema suave pero compacta, evitando los grumos. Una vez adquirida la consistencia deseada deberá mezclarse poco a poco con las claras, previamente batidas hasta el punto de nieve. Hay que evitar que se bajen y conseguir una mezcla uniforme.

Para hornear hay que untar un molde en mantequilla y verter la crema en su interior. Ésta crecerá considerablemente, por lo cual conviene dejarle suficiente espacio en el recipiente.

Es conveniente haber precalentado el horno. La cocción, a una temperatura media de un 160°, deberá ser de 60 minutos, y conviene que durante ese tiempo no se abra el horno en ningún momento para evitar que el gató se baje. Cuando esté en su punto (pinchándolo con un palillo, este deberá salir limpio) debe dejarse enfriar dentro del horno apagado y con la puerta abierta.

Una vez frío, el gató se volcará en un plato y se espolvoreará con azúcar en polvo.

Del helado de almendra:
la preparación es muy sencilla pero debe ser paciente, pues hay que empezar a hervir la leche, mezclada en un cazo con la canela y la peladura de limón, durante al menos una hora a fuego lento. Una vez transcurrido este tiempo, hay que colar la leche, añadir el azúcar y dejar reposar unos 10 minutos más. Seguidamente, se añaden las almendras molidas y se bate hasta conseguir una mezcla cremosa que, de ser necesario, podría volver a colarse para que sea más suave.

Una vez lista se congela y se convierte en helado listo para degustar.

Tentaciones prohibidas

Angy, actriz y cantante mallorquina, ganó el concurso "Tu cara me suena" de Antena 3, y triunfó en la serie televisiva "Física o química".

La joven cantante y actriz mallorquina continua cosechando éxitos en escenarios y platós televisivos, y cerca estuvo de representar a España en Eurovisión. Pero aquí no hemos venido a cantar sino a comer, algo que tampoco se le da nada mal. Y eso que hace ya algunos años tuvo un pequeño revés personal. Sobre todo teniendo en cuenta lo golosa que es. Le diagnosticaron una intolerancia al gluten y no puede tomar harina de trigo. "¡Soy celiaca y ya no puedo comer cosas tan, tan buenas! ¡Me muero de ganas!", se lamenta. "No podía ni imaginar la cantidad de cosas sabrosas que están hechas con este cereal, pero qué le vamos a hacer". Así que, optimista y siempre alegre como es ella, no duda en recomendar una de las delicias de la dulce gastronomía popular, aunque ya no pueda disfrutarla.

"Siempre recordaré –dice con ojos golosos– la tarta de requesón. Siempre la echaré de menos, ya sea para desayunar o de postre". ¡Y no es la única tentación prohibida: me encantan las quelitas, el pan moreno, las ensaimadas, el gató... mmmmmm!"

Tarta de Requesón

Recomendada por **Angy**

Ingredientes:
para la pasta
225 gramos de harina de trigo
100 gramos de mantequilla
100 gramos de azúcar en polvo
Una yema de huevo grande
para el relleno
250 gramos de requesón
125 gramos. de azúcar
3 huevos grandes
½ vaso de nata líquida

Elaboración:
Hay que empezar por la elaboración de la masa, ya que después deberá reposar durante un par de horas en el frigorífico para adquirir la consistencia necesaria.

Habrá que mezclar la harina, la mantequilla (margarina no, si puede evitarse), el azúcar en polvo y una yema de huevo hasta conseguir una pasta sin grumos pero espesa. Una vez amasada, introducir en la nevera.

A continuación procederemos a batir el azúcar del relleno (este no es en polvo) con tres huevos enteros y medio vaso de nata líquida de repostería y, cuando la masa sea suave y uniforme, le añadiremos el requesón y lo mezclaremos bien.

Dispondremos después un molde (con una fina capa de mantequilla) y en su interior distribuiremos una fina capa de masa (tras dos horas de nevera), que cubra toda la base. Sobre ella se vierte el relleno y se horneará a 180 grados y durante 60 minutos.

La capa superior deberá presentar un suculento aspecto dorado.

Postre de los últimos días

Rafel Duran, director teatral mallorquín de gran prestigio, habitual en las producciones del Teatro Nacional de Cataluña.

Rafel Duran hace años que vive fuera, pero tiene claras sus prioridades, y no ha encontrado ninguna otra cocina que supere la cocina casera de su casa. Así que no tardó demasiado en escoger este plato cuando le invitamos a participar en este proyecto.

"He elegido este plato, receta de mi madre, Àngela Domenge i Nadal de Sant Llorenç des Cardassar, porque forma parte de la cocina tradicional mallorquina y es una delicia. Un plato típico de los *últimos días* (carnaval), que ella siempre ha preparado como postre de la comida del jueves lardero.

Mi madre, como auténtica mujer de pueblo, es una gran cocinera de recetas tradicionales mallorquinas y aprendió a hacer esta receta dulce de su madre. Es típico en la gastronomía de los últimos días utilizar muy a menudo los huevos porque, al parecer, antiguamente, no se podían comer durante la cuaresma y, por tanto, todas las casas que tenían excedentes los tenían que gastar.

Recuerdo como una cosa insólita que mi madre se comía la greixonera con pan. Cogía una porción delgada de greixonera y la ponía encima de una rebanada. Se ve que antiguamente se la comían así. Nunca entendí el porqué, supongo que debía venir de haber vivido épocas de hambre o debía formar parte de eso tan campesino que se llama *comer pan con companaje*".

Greixonera de huevos dulce
Recomendada por **Rafel Duran**

Ingredientes:
4 huevos
1 litro y medio de leche
½ vaso de azúcar
Limón rallado
Canela
1 *coquet* (en Sant Llorenç, se le llama *coquet* a un tipo de pasta que las pastelerías hacen desde siempre con pasta de ensaimada pero sin ponerle tanta manteca. En otros pueblos de Mallorca le llaman *barrots*. Vendría a ser como un tipo de bizcocho. En esta receta, en Ibiza, en vez de un coquet le ponen una ensaimada pequeña).

Elaboración:
Este plato toma su nombre del recipiente tradicional, una cazuela de barro, y es como una especie de pudding casero. Forma parte de la gastronomía tradicional de Mallorca, Ibiza y Formentera.

Mezclaremos en un recipiente la leche, el azúcar y los huevos, estos bien batidos, como si hiciésemos una tortilla. Después añadiremos el coquet un poco seco (mejor si es comprado del día anterior), en trozos pequeños e intentaremos que queden bien impregnados. Rallaremos la cáscara del limón (al gusto) y le añadiremos un poco de canela para aromatizarlo.

Cogeremos una cazuela de barro tradicional (también se puede hacer en recipientes más modernos) y la untaremos de manteca para que mientras se cueza no se pegue todo lo que volcaremos en ella.

Dentro de la cazuela tiraremos la mezcla anterior y la pondremos al horno cerca de una hora a unos 180°. Si no se quiere que quede muy consistente no hace falta que esté tanto tiempo. Según los gustos. Se puede ir pinchando para comprobar si cuaja.

Una vez sacada del horno se ha de girar y colocar en una fuente. Se debe servir bien fría.

Nota: en mi pueblo, Sant Llorenç des Cardassar, como en otros pueblos de la Isla, el jueves lardero siempre se ha preparado una *greixonera* agria y una dulce. En mi casa, sin embargo, siempre se ha hecho solo la dulce. La greixonera agria también es de huevo y está hecha con carne de cerdo (pies, orejas, carrilleras) mezclada con leche, ajos y especias.

Foto: lafotografica

Santi Pons es un actor nacido en Ibiza, de raíces mallorquinas, y consagrado en la escena y la televisión catalanas.

El sabor de los recuerdos

Este ibicenco de nacimiento y mallorquín de hecho, como él mismo se define, tras muchos años de carrera profesional en los escenarios y los platós catalanes, donde ha forjado su prestigio y su popularidad como actor, sigue disfrutando de la gastronomía de sus orígenes, que no duda en considerar como "una parte importantísima de mi vida".

"Cuando llegan los momentos importantes, o las fechas señaladas, los sabores forman parte de los recuerdos, y es así como las tradiciones y la cultura culinaria perduran y nos caracterizan como pueblo", explica.

De hecho, Pons asegura disfrutar tanto comiendo como cocinando, y constata que con la edad cada vez aprecia más la comida. "El salado más que el dulce –señala–, aunque la combinación en su justa medida es lo ideal".

Las *orelletes*, que deben su nombre a la forma de "orejitas" que las caracteriza, son un dulce tradicional ibicenco de un peculiar sabor anisado. Tal vez por eso, por su gusto singular e inconfundible, lo ha escogido el actor como receta recomendable. Porque "cuando uno está lejos de casa es cuando más echa de menos su sabor".

78

Orelletes ibicencas

Recomendada por **Santi Pons**

Ingredientes:
3 huevos
500 gramos de harina
Una copa de licor de anís
150 gramos de azúcar
½ taza de aceite de oliva
Anís en grano

Elaboración:
Iniciamos la elaboración de la masa mezclando los huevos bien batidos con una parte de la harina, a la cual iremos añadiendo azúcar, el licor de anís y el resto de la harina, de forma progresiva, hasta que la pasta adquiera la consistencia necesaria para poder darle la forma pretendida de la orelleta. Antes de moldearla hay que agregar los granos de anís y después dejarla reposar algunos minutos.

Para darle forma de oreja (o de lágrima) conviene hacer una base plana y más o menos redondeada. Rodear el perímetro con unas tiras de la misma masa hasta unir sus extremos y cerrar el círculo. Realizar una hendidura en el centro para propiciar el parecido con una oreja.

Una vez hecho, deben freírse la *orelletes* en aceite (no demasiado caliente, pues no deben quemarse) y servirse espolvoreadas con azúcar (no *glasé*, ni moreno).